Annette Simon

# Versuch, mir und anderen die ostdeutsche Moral zu erklären

Ich war nicht neutral, als ich Erich Honecker als Angeklagten auf der Bank sitzen sah. Da waren Freude und Genugtuung, daß einer der Oberen der alten DDR sich der Verantwortung nicht entziehen konnte...Da war Mitleid mit einem alten Mann, der für seine antifaschistische Gesinnung viele Jahre seines Lebens in Haft verbringen mußte...Und dann stiegen wieder Wut und Empörung in mir auf, als er in seiner Verteidigungsrede die persönliche und moralische Verantwortung für die Toten an der Mauer zurückwies ...

Die Autorin, praktizierende Psychotherapeutin in Ost-Berlin, beschreibt in diesem Buch ihre widersprüchlichen Erfahrungen als oppositionell engagierte Bürgerin der DDR, ihr inneres Hin-und-her-gerissen-Sein zwischen dem Festhalten an der Idee des Sozialismus einerseits und der täglichen Konfrontation mit der Inhumanität des „real existierenden Sozialismus" andererseits. Ihre Berichte sind sowohl Dokument für das geistig-moralische Klima der linken Intelligenzia in der ehemaligen DDR als auch eine psychologisch subtile Analyse des Vereinigungsprozesses und seiner psychosozialen Folgen.

**Reihe »edition psychosozial«**

Annette Simon

# Versuch, mir und anderen die ostdeutsche Moral zu erklären

Psychosozial-Verlag

Die Deutsche Bibliothek - CIP-Einheitsaufnahme

**Simon, Annette:**
Versuch, mir und anderen die ostdeutsche Moral zu erklären
/ Annette Simon. - Giessen : Psychosozial-Verl., 1995
ISBN 3-930096-33-1


Friedrichstr. 35, 35392 Gießen,
Tel.: 0641/77819, Fax: 0641/77742
2. Auflage 1996

Satz: Till Wirth, Psychosozial-Verlag
Umschlaggestaltung: Till Wirth nach einem Reihenentwurf
des Ateliers Warminski, Büdingen
Druck: Druckkollektiv, Gießen
ISBN 3-930096-33-1

# Inhaltsverzeichnis

# Vorbemerkung

Ich habe versucht, mich zu erinnern, zu erinnern an mein Leben in der DDR. Es ist eine Suche von heute aus, mit dem Bewußtsein, daß dieses Land schon versunken ist. Ein Land, das an Bevölkerungszahl und Fläche relativ klein, von seinen Herrschenden mit Ideologie und Bedeutung so überfrachtet wurde:

"Erster sozialistischer Staat auf deutschem Boden", "Speerspitze im Kampf gegen den Kapitalismus", "Hort des Antifaschismus" usw.

Ich sehe dieses Land heute anders als selbst noch vor drei Jahren, und eigentlich verändert sich mein Blick jeden Tag.

Ich versuche mich so genau zu erinnern wie möglich, lese meine Tagebücher und alte Briefe. Aber ich bin nicht wertfrei, sehe vieles aus beruflicher Gewohnheit mit analytischem Blick.

Eigentlich erzähle ich mir nochmal mein Leben - um den Boden, auf dem ich jetzt stehe, abzuklopfen. Um den unangenehmen Gefühlen von Entfremdung und Selbstentfremdung zu entkommen, die manchmal einsetzen, wenn ich Ausschnitte aus alten DEFA-Filmen sehe oder alte Zeitungsausschnitte lese. Oder wenn ich darüber nachgrübele, wie ich mich in bestimmten Situationen und Konflikten eigentlich wirklich gefühlt habe. Wie habe ich diese stickige Unlebendigkeit, dieses Ablaufen von Ritualen nur ausgehalten?

Ich muß mich meiner vergewissern nach diesen Umbrüchen, damit es mir nicht ergeht wie der klugen Else aus dem Grimm'schen Märchen. Sie muß, nachdem ihr Mann Vogelgarn mit Schellen über sie gehängt hat, die überall läuten und klappern, an ihn und sich die Frage stellen: "Bin ich's oder bin ich's nicht?"

Die Einladungen zu Vorträgen und deren Überarbeitung für das vorliegende Buch waren für mich gute Gelegenheiten, diese Reflexionen in eine Form zu bringen.

*August 94*

# Zwei Seiten einer Medaille

*Über den deutschen Umgang mit Schuld*

Ich habe 16 Jahre in einer Ost-Berliner Nervenklinik gearbeitet, die über einen längeren Zeitraum einen geheimgehaltenen Kooperationsvertrag mit der Staatssicherheit hatte und in der zwei Chefärzte erwiesenermaßen inoffizielle Mitarbeiter dieses "Organs" waren. Die Akten der Patienten und damit auch die Patienten selbst waren somit dem potentiellen Zugriff der Staatssicherheit ausgeliefert. Der geschützte Raum, den ich ihnen und damit auch mir innerhalb der DDR glaubte, geschaffen zu haben, hat zum Teil nur in meiner Phantasie existiert.

Während ich diesen Erinnerungen und Gedanken nachgehe, lese ich in der Zeitung, daß der Streit um den Bau eines Supermarktes auf dem Gelände des ehemaligen Frauen-Konzentrationslagers Ravensbrück kein Einzelfall ist: Die Finanzbehörden von Potsdam haben als künftigen Standort des Finanzamtes ein früheres Gebäude der zentralen SS-Hauptverwaltung für die Konzentrationslager in Sachsenhausen ins Auge gefaßt.

"50 Jahre nichts gelernt" - steht an einer Hauswand in Berlin, Prenzlauer Berg.

Die historische Aufgabe, die deutsche Geschichte und damit auch die deutsche Schuld zu bewältigen, scheint mißlungen zu sein, indem man diese Geschichte zweigeteilt und sie in zwei verschiedenen Staatsgebilden verschieden interpretiert hat.

Die Hakenkreuze, Rassismus und auch der Antisemitismus sind wieder da. Die Jugendlichen polarisieren sich in Skinhead-Gruppen und linken Gruppen fast wie in der Weimarer Republik. Manchmal erscheint es mir so, als ob sie ihre Eltern und Großeltern darin erinnern wollten, von wo aus die ungelösten Konflikte ihren Anfang genommen haben. Erneut müssen wir uns mit dem Nationalsozialismus, mit alter und neuer Schuld auseinandersetzen. Die Aufhebung der deutschen Spaltung könnte eine neue Chance sein.

Das Wort "Bewältigung" ist ein zu abgegriffenes und großes und übrigens auch ein gewalttätiges Wort für ein Geschehen, das im Grunde nicht zu bewältigen ist, schon gar nicht als Volk im ganzen. Primo Levi (1988) schrieb im Vorwort zu seinem Bericht eines Überlebenden von Auschwitz, daß er die Deutschen nicht hasse: "Doch ich kann nicht sagen, daß ich die Deutschen verstehe. Und was man nicht verstehen kann, bildet eine schmerzhafte Leere, ist ein Stachel, ein dauernder Drang, der Erfüllung fordert."(1988, S.24) Ich denke, wenn wir uns gegenüber der deutschen Geschichte verantwortlich fühlen, muß neben dem Grauen und Entsetzen, der moralischen Verurteilung und der Trauer auch der Versuch des psychologischen Verstehens einsetzen, des Verstehens, wie es dazu kommen konnte und welche Narben geblieben sind, die gerade jetzt wieder aufbrechen. Dieses Sich-Selbst-Verstehen ist eigentlich ein sehr individueller Prozeß, der die Grundlage für Veränderung sein kann und sich der Selbst-Überschätzung aber auch der Selbst-Verachtung, wie wir sie von uns Deutschen kennen, entgegenstellt.

Ich will den Versuch wagen, ein psychologisches Gleichnis zu benutzen, um dem Verständnis der beiden deutschen Staaten näher zu kommen, auch wenn dies die Gefahr der unlauteren Psychologisierung gesellschaftlicher Prozesse mit einschließt. Mein Bild ist das von den beiden deutschen Staaten als einem Zwillingspaar:

Zwei Zwillingsbrüder, von Mutter Deutschland und Vater Faschismus nach dem 1. Weltkrieg gezeugt, wachsen unter strenger wilhelminischer Erziehung in rigidem und patriarchalisch geprägtem Kleinbürgermilieu gemeinsam auf. Sie werden so zum Typus des soldatischen Mannes, wie ihn Theweleit (1978) in seinen "Männerphantasien" beschrieben hat. Dieser Typ ist durch mehrfache Spaltungsmechanismen gekennzeichnet: Die Bedürfnisse des eigenen Körpers und der eigenen Seele dürfen durch den erlebten Drill nur unter strengster Zensur wahrgenommen werden. Es ensteht ein Körperpanzer. Alle weicheren, mitfühlenden oder zärtlichen Strebungen werden als "unmännlich" klassifiziert und an Frauen delegiert, die für diese weibliche Weichheit gleichzeitig idealisiert und verachtet werden. Diesen gepanzerten Männern wird Mitgefühl systematisch abtrainiert, auch dadurch, daß niemand mit ihrem Leid Mitgefühl hat, auch ihre Mütter nicht. (Ich empfehle hierzu jedem die Lektüre des 1934 in erster Auflage erschienen Buches von Johanna Haarer: "Die deutsche Mutter und ihr erstes Kind", das Traumauflagen erreichte und unter dem Titel: "Die Mutter und ihr erstes Kind" seit 1949 wieder auf dem Markt ist - siehe auch Benz 1991 und 1992.)

Diese in hohem Grade von sich selbst entfremdeten Männer, denen jede Art von wirklicher Lebendigkeit ein Greuel sein muß, weil sie an die verschütteten Möglichkeiten erinnert, ziehen in den nächsten Krieg. Als Tötungsmaschinen laden sie unermeßliche, eigentlich unvorstellbare Schuld auf sich und verlieren den Krieg. Vater Faschismus begeht Selbstmord und Mutter Deutschland ist zerstört. Es bleiben die beiden Zwillinge in großer Angst vor Vergeltung und Rache, voller dumpfer Schuldgefühle und in einem Meer von Nicht-Verstehen, was eigentlich mit ihnen passiert ist.

Mutter Deutschland wird geteilt und die Zwillinge werden getrennt, was zum einen ihren halbbewußten Strafbedürfnissen entgegenkommt, zum anderen aber auch den sehr wirksamen Abwehrmechanismus der Objektspaltung ermöglicht. Diese von Melanie Klein beschriebene früheste und daher auch unreifste Abwehrform spaltet das Objekt, auf das sich die erotischen und destruktiven Triebe richten, in einen "guten" und einen "bösen" Teil. Mutter Deutschland als gespaltene Mutter und die neu entstehenden Väter Staat ermöglichen die Projektion des Bösen auf den jeweils anderen Teil und ersparen den Zwillingen wenigstens teilweise die Auseinandersetzung mit den ganzen Eltern. Der eigene Deutschland-Teil muß, so gut es geht, als gutes Objekt herhalten.

Damit wird auch das dunkel erahnte Böse aus dem eigenen Innern glücklich jenseits der Grenze gebannt. Denn Objektspaltung zieht unweigerlich auch eine Ich-Spaltung nach sich: Die eine psychische Ich-Instanz nimmt die Realität wahr, wie sie ist, während die andere Wunschproduktion an deren Stelle setzt.

Hinter der Grenze, die dann zur Mauer wird, lebt jeder der Zwillinge nun sein eigenes Leben. Zwilling West kommt zu reichen, recht großzügigen und mit demokratischen Umgangsformen ausgestatteten Adoptiveltern, die ihm sagen: Wenn du fleißig arbeitest, unterstützen wir dich in jeder Weise. Deine Schuld ist vergessen; sie wird nach einigen Formalitäten der Entnazifizierung für uns unwichtig. Denn du kannst uns im übrigen auch gegen die Verbündeten von Zwilling Ost helfen. Wenn du in unserem System funktionieren kannst, ist alles o.k.

Zwilling Ost kommt zu sehr armen und autoritären Adoptiveltern, die ihn anfangs böse terrorisieren, seine Schuldgefühle verstärken und ihm sagen: Du bist so schrecklich schlimm gewesen, daß du nun durch fleißige Arbeit und Gehorsam alles abarbeiten mußt und du mußt eine neue Ideologie annehmen, damit nie wieder passiert, was du angerichtet hast. Wenn du es schaffst, dieses "richtige Bewußtsein" zu entwickeln, die Ideologie der Antifaschisten und der Sieger zu verinnerlichen, dann ist deine Schuld abgebüßt.

Zwilling West entwickelt sich recht gut. Er wird locker, dick und bunt. Es gibt viel zu tun und alles ist zu packen. Er kann seine Schuld in aktivistischer und manischer Form verdrängen.

Zwilling Ost trägt an der Bürde der Schaffung eines "neuen Menschen" und eines "neuen Staates". Er verinnerlicht seine Schuld, kaut depressiv an ihr herum. Er muß dabei genauso wenig den inneren Prozeß von Scham, Wut und Trauer durchmachen wie sein Zwilling West. Mit der Annahme der neuen Ideologie ist er ja kein Nazi mehr.

Um es krass auszudrücken: Während Zwilling West sich bald im grellbunten Texashemd und neuem Auto präsentiert und mit eigentlich gar keiner Ideologie, läuft Zwilling Ost im grauen Büßerkleid, aber mit einem riesigen Packen Ideologie.

Beide Zwillinge haben anfangs noch Sehnsucht nacheinander, aber Zwilling West beginnt langsam, den anderen zu vergessen. Er hat so viele Ablenkungsmöglichkeiten, so viele Projekte. Ab und zu denkt er an den anderen als an denjenigen, der es schlechter getroffen hat. Er schickt Pakete. Ab und zu besucht er ihn mit Unbehagen in seinem grauen Land und gruselt sich ein bißchen bei den Kontrollen an der Grenze.

Zwilling Ost guckt neidisch auf Zwilling West. Als er wegen der Mauer nicht mehr zu ihm darf, sieht er trotzdem Westfernsehen, hört Westrundfunk und macht sich ständig ein Bild von Zwilling West. Durch den Entzug ist er fast gierig nach ihm, jeder Bewohner von Westdeutschland, der den Osten besucht, wird heftigst umworben. Manchmal denkt Zwilling Ost aber auch über sich: arm, aber ehrlich. Ich arbeite für eine gerechtere Sache.

Dann ist die Zeit der Trennung abgelaufen: Zwilling Ost durchbricht die Mauer, die sie so lange getrennt hat. Und dieser Moment ist eigentlich das Gegenteil von "Wahnsinn", denn es wird in einer Nacht die Spaltung aufgehoben - in einem euphorischen Sinne fühlen sie sich für einen Moment wieder "ganz". Das gute Gefühl, wenn Objekt- und Ich-Spaltung aufgehoben werden: Realität und Wunschproduktion werden eins. Mutter Deutschland nicht mehr aufgespalten in Teilobjekte, sondern eine ganze Mutter mit zwei guten Brüsten.

Es werden damit aber auch die Möglichkeiten der Abwehr und Projektion aufgehoben, die sie beiden Teilen geboten hatte. Die Spaltung war auch eine psychische Überlebensmöglichkeit und hatte als solche eine sehr wichtige Funktion. Beide Zwillinge konnten nicht gelebte, verachtete oder auch ganz unbewußte psychische Inhalte dem jeweils anderen Zwilling zuordnen, sozusagen hinter der Mauer deponieren.

Die beiden Zwillinge stehen sich nun wieder gegenüber und können nach den ersten Freudentränen nichts miteinander anfangen.

Idealerweise müßten sie Zeit haben, sich wieder kennenzulernen, sie müßten sich erzählen können, was in der Zwischenzeit mit ihnen passiert ist. Und natürlich müßten sie jetzt noch einmal darüber reden, was eigentlich zu ihrer Trennung geführt hat. Daß sie ausgerechnet am 9. November wieder zusammengekommen sind, müßte ihnen ein Menetekel sein.

Statt dessen wird in wahnwitziger und von der Mehrheit auf beiden Seiten gewollter Geschwindigkeit das eine System über das andere gestülpt, so daß nur Zeit für Gegenwartsbewältigung bleibt. Da wir ja "alle Deutsche" sind, können wir so etwas wieder mal in einer Blitzaktion durchziehen. Es herrscht eine blinde Augenblickssucht und mir drängt sich der Verdacht auf, daß sich das kollektive Unbewußte erneut für das Vergessen und Verdrängen entschieden hat. Und dies - bitte schön - auf beiden Seiten. Denn nicht nur die Ostbürger haben so gewählt. Die manische Betriebsamkeit und die überdimensionalen Schuldzuweisungen von West nach Ost sind mit einer solchen emotionalen Wucht aufgeladen, die nur von einer Seite kommen kann, die etwas zu vertuschen oder ein schlechtes Gewissen hat.

*In Naumburg*

Hierin wiederholt sich die manische Bewältigungsform: Sie wird Zwilling Ost von Zwilling West massiv angeboten und der hat sie äußerst freudig ergriffen, denn in dieser unter enormem existentiellen Druck aufbrechenden Geschäftigkeit kann es zu keinem Nachdenken über die vergangenen Jahre kommen. Der Supermarkt auf dem KZ-Gelände - das ist das Bild für die zweifache und zweiseitige Verdrängung.

Oder das Suchen westlicher Firmen nach Arbeitskräften, die möglichst SED-Mitglieder oder auch Stasi-Angehörige waren, weil sie damit ihr "Karrierebewußtsein" schon einmal unter Beweis gestellt hätten.

Oder eine Gruppe von Kassenbeauftragten fegt durch unsere Ambulanz, teilt uns nach ein paar wohlwollenden Bemerkungen über unser "Improvisationsvermögen" mit, daß ca. zwei Drittel unserer Patienten, die über Jahre eine feste Bindung an uns haben, nicht dem Klientel einer Institutsambulanz entsprächen, weil sie "wartezimmerfähig" seien und somit vom niedergelassenen Arzt, den es zu diesem Zeitpunkt noch gar nicht gibt, behandelt werden könnten. Wie soll in diesem Klima die dringend notwendige und ohnehin äußerst komplizierte Auseinandersetzung mit der Rolle der Psychiatrie in der DDR und unserer jeweils eigenen Rolle dabei stattfinden?

Oder ich sitze in einem Vorlesungssaal der Humboldt-Universität. Auf dem Podium sitzen drei West-Psychologen, die uns, für ein entsprechendes Entgeld natürlich, einen Vortrag halten, wie man sich als Psychologe in freier Praxis niederlassen kann. Sie schildern Details wie die Größe des Praxisschildes oder wie man sich anzuziehen hätte, wenn man von der Bank einen Kredit haben möchte. Für die Dame: Einfaches, aber gut gearbeitetes dunkles Kostüm. Mehrmals gehen Lachwellen durch den Saal. Sie verstehen nicht, worüber wir lachen. Mit einer mir unverständlichen Selbstverständlichkeit zelebrieren sie vor uns die Mechanismen ihres Systems, ohne zu beachten, daß dies für uns manchmal wie eine Karikatur des Kapitalismus aus dem Staatsbürgerkundeunterricht erscheinen muß. Und ohne zu beachten, wie sie alle Anwesenden mit einer unglaublichen Ignoranz entwerten.

Für andere Formen der Begegnung, das gemeinsame Gespräch zwischen den Zwillingen, bräuchten wir Zeit und einen geeigneten geschützten Raum, in dem wir auch schreien und weinen könnten. Beides ist nicht da. Und ich denke, wir würden momentan auch keinen gemeinsamen Schrei zustande bringen. Wir sind nicht gleichermaßen existentiell betroffen. Zwilling Ost ist mit Existenzbewältigung voll ausgelastet, manchmal überfordert. Er wohnt in einem anderen Land, dessen Gesetze und Regelungen fast undurchschaubar und fremdartig erscheinen. Zwilling West hat zunächst das gleiche Leben wie vorher auch. Und Zwilling Ost wird das untergründige Gefühl nicht los: Irgendetwas wird auf meinem Rücken ausgetragen, an dem Zwilling West mehr beteiligt ist, als es jetzt aussieht.

Denn der unbewältigte Faschismus ist nicht nur in der Teilung Deutschlands und in dem paranoiden Staatssicherheitssystem zu finden, sondern auch in den Hochsicherheitstrakts der RAF-Häftlinge und den Schlachten um Brokdorf. Momentan laufen aber die Projektionen - besonders in den Medien - fast nur noch von West nach Ost, nur die Ostdeutschen sind die häßlichen Deutschen. Nur wir werden angeschaut, bewertet, seziert, belächelt oder bestaunt. Nur wir werden in den Augen der Westler gespiegelt. Und wenn wir in diese Augen blicken, sehen wir uns als verzerrte Gestalten aus den komisch-grausigen Spiegelkabinetten auf Rummelplätzen: mal zu dick, mal zu dünn oder zu konvex oder zu konkav. (Dafür ziehen die Ostdeutschen im kleinen Kreis kräftigst über die Westler her.)

Die Westseite hat es momentan in keiner Weise nötig, die eigenen Abspaltungen anzusehen, weil sich ihr System gerade als das ökonomisch überlegene erwiesen hat. Auch dies ist, denke ich, eine der Ursachen der jetzigen Bitterkeit der ehemaligen DDR-Bürger: Es werden ihnen zwei Schuldenlasten auf den Rücken geladen, wobei die eine Schuld von Anfang an eine beidseitig zu tragende gewesen wäre und die andere Schuld nur die DDR-Bürger selbst etwas anzugehen hätte. Sie dürfte nicht von der Westseite dazu benutzt werden, sich selbst als rein und weiß, "so weiß, weißer gehts nicht" darzustellen.

Wenn ich jetzt mit Westlern rede, versuche ich immer die Medienbilder zu differenzieren und habe das Gefühl, andauernd alles erklären zu müssen. Ich komme mir manchmal vor wie eine Schallplatte, die ständig die gleichen Rillen wiederholt:

- Es war alles viel differenzierter ...
- Viele Menschen hier haben ganz anders gelebt ...es gibt nicht den "typischen DDR-Bürger" ...
- Der Einmarsch der Warschauer Paktstaaten 1968 in die CSSR war das Trauma meiner Generation ...
- Wir haben eher eine osteuropäische Identität ...
- Es gab einen gut funktionierenden Freundschaftsunderground, mit wirklichen menschlichen Verbindlichkeiten ... usw.usf.

Trotzdem merke ich am skeptischen oder gelangweilten Blick meines Gegenübers, daß er mich nur schwer versteht. Ich müßte dazu auch wirklich noch viel mehr erzählen: Die verschiedenen Geschichten wahrscheinlich, die ein Leben ausmachen. Z.B. auch die Geschichte, "Wie ich aufhörte, ein gläubiger Pionier zu sein":

Ich war ein sehr eifriger und gläubiger Pionier (interessanterweise gibt es keine weibliche Form dieses Wortes). Das führte auch dazu, daß ich 1965 oder 66 zum DDR-weiten Pioniertreffen in das damalige Karl-Marx-Stadt delegiert wurde. Dies war eine Auszeichnung und ich stellte mir das Ganze als ein fröhliches Fest vor. Dieses Fest bestand dann vor allen Dingen aus stundenlangen Aufmärschen, die wiederum mit stundenlangem Warten vor diesen Aufmärschen verbunden waren. Wir bekamen zwar beeindruckende Verpflegungsbeutel - das erste Mal in meinem Leben Mangosaft -, langweilten uns aber fast zu Tode. In einem dieser Aufmärsche wurde vor meinem "Marschblock" ein LKW mitgeführt, auf dem die überlebensgroßen Pappmache-Puppen der damaligen BRD-Politiker dargestellt waren. In meiner Erinnerung waren es Kiesinger und Erhard und zu meinem wirklich großen Entsetzen wurden diesen Puppen, vor der Tribüne angekommen, die Köpfe abmontiert und auf einen anderen LKW geladen, der das Spruchband "Müllhaufen der Geschichte" trug. Das 13jährige Mädchen, das ich war, hatte das Gefühl, einer wirklichen Hinrichtung beizuwohnen. Ich weiß, das es dieser Moment war, an dem ich innerlich ausgestiegen bin. "Oder meinen Sie", wie mir mein Stasi-Verhörer in der Nacht vom 7. zum 8. Oktober 1989 auf meine Frage, was er von den Zuführungen der Demonstranten halte, antwortete: "Meinen Sie, wir haben nicht nachgedacht?"

Manchmal ging der deutsche Riß auch durch einen Menschen hindurch und ich kann mir einfach nicht vorstellen, daß er nicht auch durch einen Westdeutschen gegangen ist. Genausowenig, wie ich mir vorstellen kann, daß dieses Gefühl, auf der besseren, also moralisch gerechteren Seite zu stehen, noch eine Seite ernsthaft aufrecht erhalten kann.

Aber anscheinend waren wir für die so schnelle und schockartige Aufhebung der Spaltung auf beiden Seiten nicht reif genug; so setzen die Projektionen auch ohne die Mauer kräftigst wieder ein. Und leider scheinen viele in ihrem Selbstbewußtsein ohnehin arg gebeutelte Ostdeutsche diese Projektionen auch anzunehmen. Eine Umfrage des Bielefelder Emnid-Institutes hat ergeben, daß sich die Westdeutschen als die besseren Menschen sehen, während die Ostdeutschen von sich selbst eine eher negative Einschätzung haben. Die Westdeutschen halten sich selbst für fleißiger, weltoffener, geschätstüchtiger, entschlußkräftiger und ideenreicher. Die Ostdeutschen halten sich eher für unselbständig, provinziell, entscheidungsfaul und nicht geschäftstüchtig. Dies sind fast Beschreibungen manischer und depressiver Zustandsbilder aus einem Psychiatrie-Lehrbuch. Die Meinungen übereinander sind dann auch so wie die Zuschreibungen der Angehörigen über solche Patienten: Die Westdeutschen halten die Ostdeutschen für faul, ideenarm und starr, während die Ostdeutschen die Westdeutschen als überheblich und rücksichtslos schildern.

Und was denken die Therapeuten übereinander? Eine Forschungsgruppe um Eva Jaeggi hat west- und ostdeutsche Psychologen über ihre Meinung voneinander befragt. Die Westpsychologen denken über die Ostpsychologen, daß diese die Patienten trimmen, ans System anpassen und womöglich fast alle Stasi-Mitarbeiter waren. Die Ostpsychologen glauben, daß die Westpsychologen kalt und heuchlerisch sind, nur vom Geld und der Konkurrenz bestimmt werden und sich an die Bürokratie angepaßt haben.

Diese undifferenzierten Zuschreibungen können nur funktionieren, wenn man sich nicht kennt und wenn man die nach 1945 entstandene psychische Abspaltung weiter aufrecht erhalten will, die ganze psychische Energie des deutschen kollektiven Unbewußten weiterhin auf Abspaltung zielt, auf immerwährende Verdrängung.

Denn sonst könnten wir doch endlich sehen, daß wir zwei Seiten einer Medaille sind.

Meine These ist, daß die alte und die neue Schuld nur angesehen und verstanden werden können, wenn wir beginnen, den unreifen Abwehrmechanismus der Spaltung, der natürlich Ausdruck unserer unreifen, widersprüchlichen Objektbeziehung zu Mutter Deutschland und Vater Staatsgebilde - und Ausdruck unserer nichtgefühlten Schuld-Scham-Wut ist, in uns und zwischen uns aufzuheben.

Die ständigen Projektionen hinüber und herüber bewirken keinesfalls mehr Selbstverständnis, sondern verstärken die Abwehr. Wenn die Menschen in der ehemaligen DDR mit dieser Abwehr in eine existentielle Notsituation geraten und ihre dumpfen Minderwertigkeitsgefühle sie zu überwältigen drohen, liegt die Versuchung nahe, zum Baseballschläger zu greifen. In der zunehmenden Ausländerfeindlichkeit spüre ich auch die Wut und Enttäuschung darüber, daß die deutschen Schwestern und Brüder sich so fremd sind, daß Zwilling Ost und Zwilling West miteinander nicht auskommen. Nur wenn wir versuchen, die Wut, die wir als Deutsche gegeneinander haben, auch wahrzunehmen, können die Projektionen auf Ausländer abgemildert werden. Wenn wir unserem Selbst-Verständnis als Deutsche näher kommen wollen, als eine Form der Vorbeugung gegen neonazistisches Handeln, sollten wir damit beginnen, über unsere gegenseitigen Projektionen zu reden, um sie genauer als solche wahrnehmen und dann auch zurücknehmen zu können. Wie immer ist die

Rücknahme von Projektionen ein schmerzlicher Prozeß.

Im Frühjahr 1990 teilte mir eine Patientin mit, daß sie mir nicht mehr vertrauen könne, weil ich an einer "Stasi-Klinik" gearbeitet habe. Sie wollte, daß ich ihre Akte vor ihren Augen vernichte und sie wollte mich danach nicht mehr sehen. Ich hatte mit dieser Patientin einen intensiven wöchentlichen Kontakt über zwei Jahre. Unsere Beziehung drohte zu zerbrechen.

In der nächsten Therapiestunde legte ich die Akte vor sie hin, nachdem ich mich darüber informiert hatte, daß ich damit eigentlich gegen neue Datenschutzgesetzlichkeiten verstieß, und bat sie, sich die Akte mit mir gemeinsam anzusehen und dabei zu entscheiden, ob weiterhin die ganze Akte oder welche Seiten dieser Akte vernichtet werden sollten. Nach dieser Stunde hatte ich sämtliche

*In Potsdam*

Kleidungsstücke durchgeschwitzt. Ich habe mich vor der Patientin in Grund und Boden geschämt über die Zuschreibungen und Etikettierungen, die in der Epikrise der Station aber natürlich vor allem aus meinen Eintragungen über sie hervorgingen.

Am Ende der Stunde verzichtete die Patientin auf die Vernichtung der Akte und teilte mir außerdem mit, daß die Verformung und gelbliche Verfärbung meines Gesichtes, die für sie Hinweise auf meine Stasi-Zugehörigkeit gewesen seien, nun einer natürlichen Gesichtsfarbe gewichen seien.

Vielleicht könnte der Abriß der Klage- und Projektionsmauer dazu beitragen, daß wir uns zusammen ansehen, was wir uns gegenseitig in die Akten geschrieben haben und daß unsere gespaltenen Gesichter wieder eine realitätsnahe Färbung annehmen.

*November 1991*

*Literatur*

Benz, U. (1991): Frühe Kindheit im Nationalsozialismus. Der Mythos Mütter im Hitlerreich und seine Folgen. In: Psychosozial 47, 14. Jhg. S. 30-42. Schwerpunktthema: Psychoanalyse als politische Psychologie, herausgegeben von H.-J. Wirth (Psychosozial-Verlag)

Benz, Ute(1992): Der Mythos von der guten Mutter. In: Rauschenbach,B.(Hrsg.): Erinnern, Wiederholen, Durcharbeiten - Zur Psycho-Analyse deutscher Wenden. Berlin (Aufbau)

Levi, Primo(1988): Ist das ein Mensch?. München und Wien (Hanser)

Theweleit, Klaus(1978): Männerphantasien. Frankfurt am Main (Roter Stern)

# Zweifache und zweiseitige Verdrängung - Schamlosigkeit und Scham -

Im Dezember 1991 konnte man in der "Berliner Zeitung" einen Bericht darüber lesen, auf welche Art und Weise man Menschen auch "abwickeln" kann. Bei einem zum Jahresende abzuschaltenden Rundfunksender wurde den Mitarbeitern die Entscheidung über die Entlassung oder die Neueinstellung bei einem anderen Sender auf folgende Weise mitgeteilt: In einem Raum stand ein Telefon auf einem Tisch. Die in einer Schlange vor dem Raum stehenden Mitarbeiter hatten einzeln in den Raum zu treten und wurden über dieses Telefon mit der "Zentrale" in einem der Alt-Bundesländer verbunden. Nach der Nennung ihres Namens konnten sie über das Telefon die Entscheidung über Entlassung oder Neueinstellung, die Entscheidung über ihre weitere berufliche Existenz erfahren. Danach hatten sie wieder an der Schlange ihrer wartenden Kollegen vorbeizugehen und dann die Freiheit, sich ihre Gefühle anmerken zu lassen oder nicht.

Nach dem Lesen dieses Berichts merkte ich, wie eine Welle von Gefühlen auf mich zurollte, die ich zunächst von mir weghielt. Der erste Gedanke war: Wieder dieses Fehlen von Würde und Anstand, wie es schon mein Kollege Paul Franke als ein hervorstechendes Merkmal des deutschen Vereinigungsprozesses bezeichnet hatte. Dann stieg langsam Wut in mir auf. Darunter aber und eigentlich viel durchdringender und existentieller lag Scham. Ich schämte mich für beide Seiten: Für die Seite, die es nötig hat und es überhaupt fertig bringt, so mit den Neu-Bürgern umzugehen und für die Neu-Bürger, die brav in dieser Schlange stehen und nicht aufbegehren.

Und da ich nun dabei war, über Scham nachzudenken, begleitet durch die Lektüre des Buches "Die Maske der Scham" von Leon Wurmser, wurde mir klar, wie oft ich mich in diesem Prozeß der Vereinigung schon geschämt hatte: In der Schlange beim Abholen des Begrüßungsgeldes, über den Jubel der Leute beim Empfang der D-Mark, über das erste Wahlergebnis. Ich schämte mich über die so sichtliche Gier meiner Landsleute, für ihre Unreife und Unterwürfigkeit. Ich schämte mich, diesen Ostdeutschen anzugehören, die anscheinend nichts lieber wollten, als ihre mühsam erworbene Eigenständigkeit sofort wieder aufzugeben. Und mich entsetzte andererseits die Schamlosigkeit, mit der mir gut bekannte Genossen und Genossinnen sich in die neuen Strukturen einpaßten, so als ob die Erinnerung daran wie weggeblasen wäre, was sie noch Monate zuvor vertreten und getan hatten.

Das Ausgangsbild der "anonymen Telefonentlassung" bietet eine Möglichkeit, die psychischen Dimensionen der jetzigen Situation zu verstehen, weil es für mich viel Exemplarisches für unseren

Zustand zu enthalten scheint, wenn auch in sehr krasser Form.
Die Entwürdigung in dieser Situation liegt offen zutage. Wenn ich im schon einmal ausgeführten Zwillingsbild bleibe: Der West-Zwilling hat die größere ökonomische Macht, er hat die Macht, den Ost-Zwilling zu entlassen. Die Schlagworte von "ökonomischer Effizienz" und "ökonomischer Notwendigkeit" ziehen eine bestimmte Art von Beziehungsgestaltung nach sich, in der das Machtgefälle von West nach Ost einem sozusagen "mit dem nackten Hintern ins Gesicht" springt. Gleichzeitig aber kommt es nicht dazu, daß der West-Zwilling dies dem Ost-Zwilling wirklich ins Gesicht hinein sagt - es scheint ihm peinlich zu sein. Denn er weiß irgendwie, daß er diese Macht nicht nur durch eigenen Verdienst erworben hat. Sie ist ihm zugefallen; durch Zufall lebte er nach dem Krieg in dem Teil des Landes, der - mit Hilfe

*Berlin, Gaswerk*

der westlichen Besatzungsmächte - ökonomisch weitaus effizienter war und sowohl reicher als auch demokratischer wurde - und der Umbruch in der DDR ist auch nicht das Ergebnis seines Handelns. West-Zwilling weiß außerdem, daß er Ost-Zwilling über Jahre vergessen hatte, ihn innerlich verlassen hatte und fühlt sich auch deswegen schuldig. "Wo ist dein Bruder Abel? - sprach der Herr zu Kain." Bei Wurmser finde ich den Begriff von der "Trennungsschuld": Er meint die meist unbewußte Phantasie, die Trennung mit dem Mord am anderen gleichsetzt. Und wenn sich West-Zwilling sowieso schon schuldig fühlt, geht ihm das Gejammere des Ost-Zwillings besonders auf die Nerven, darüber wie schwer der es gehabt habe, und auch seine überzogenen Ansprüche, jetzt auch gleich alles haben zu wollen. Der Bruder, dem es scheinbar immer besser gegangen ist, mag nicht dauernd daran erinnert werden.

Ich nehme also an, Zwilling West fühlt sich schuldig und ist auch beschämt - aber dies ist gut verdrängt. Dies kommt in der Situation der telefonischen Entlassung nur durch die vorgeführten Abwehrformen, die Maskierungen von Schuld und Scham zum Ausdruck. Zwilling West verbirgt sich hinter dem Telefon und hinter der "Zentrale". Er ist weder eine Person, noch ein Gesicht. Er depersonalisiert sich. Und er setzt außerdem noch eine andere Abwehrform der Scham ein: Die Wendung von passiv zu aktiv. Zwilling Ost wird lächerlich und verachtenswert gemacht. Er muß in der Schlange stehen und hört dazu noch:"Das ist der ja gewöhnt."

Diese Abwehrmechanismen gegen eigene Schuld und Scham kommen jetzt besonders zur Wirkung. Um sich den wirklich ekligen Gefühlen der Schuld und der Scham nicht aussetzen zu müssen, wird der Spieß herumgedreht: Spott, Verhöhnung und die Erniedrigung des Ost-Zwillings setzen ein. Die Ostler werden so oft mit dem Kopf in die eigenen Exkremente gestoßen, wie es bei der Sauberkeitserziehung von Hunden üblich ist (Moser 1992). Sie haben in baufälligen Wohnungen in einer verschmutzten Umwelt autoritär ihre Kinder erzogen, sich gegenseitig ständig bespitzelt, zu wenig und uneffizient gearbeitet und selbst im Bett haben sie nicht über die richtigen Techniken Bescheid gewußt oder nicht die entsprechenden Gleit- oder Reizmittel angewandt. Und nun sollen sie sich endlich und gründlichst schämen für diesen ganzen Dreck und diese ganze Zurückgebliebenheit.

Ich leugne nicht, daß da wirklich sehr viel Dreck war und ist. Ich bezweifele aber, daß man auf diese Weise mit ihm fertig werden kann. Erneute Entwürdigung, die öffentliche Zurschaustellung des verdreckten Schuldigen führt nicht zu mehr Selbstoffenheit und Selbsterkenntnis - eine Binsenweisheit, die jetzt jeden Tag verleugnet wird.

Sehen wir uns den Ost-Zwilling an, der in dieser Schlange steht. Er empfindet die Entwürdigung durchaus. Er hat auch Wut, die sich aber gleichzeitig mit der Angst mischt, die Anstellung nicht zu bekommen. Er empfindet Scham - unverdrängt, Scham über die Bloßstellung, was man schon wieder mit ihm machen kann und natürlich Scham darüber, was er in den DDR-Jahren in mehr oder weniger großem Ausmaß mit sich machen ließ oder selbst getan hat. Und gerade dies hält ihn ab, sich zu wehren: Er meint, die Demütigung zu verdienen. Er fühlt: Ich bin nicht liebenswert, und die Art, wie man mich behandelt, geschieht mir ganz recht. Er ist der ungeliebte und erniedrigte Zwilling, der die erneute Demütigung provoziert. Oder er muß dieses Gefühl des eigenen Liebesunwertes stark abwehren und wird derjenige, der sich bei den neuen Pflegeeltern schamlos anschmiert und sich dreimal bedankt, daß er mit am Tisch sitzen darf. Beides sind Verhaltensweisen, die nur weitere Verachtung seines West-Zwillings heraufbeschwören.

Eine Zuspitzung erfährt diese Wehrlosigkeit oder Beugehaltung des Ost-Zwillings durch die wirklich ungeheuerlichen Fakten, die mit der Öffnung der Stasi-Akten ans Licht kommen. Falls er zu den Bespitzelten gehörte, muß er sich mit dem Gefühl herumschlagen, daß die Staatssicherheit versucht hat, sich in seiner Seele einzunisten. Nun kann er sich auch in seiner persönlichsten Vergangenheit nicht mehr sicher fühlen, viele Ereignisse seines Lebens müssen ganz neu angesehen werden, gehören ihm selbst nicht mehr ganz. Falls er zu den Spitzeln gehörte, kommt die Schuld überdeutlich zutage.

Wir erleben also ein Zwillingspaar, von denen der eine, mit doppelter Schuld beladen, in allen Lebensbereichen verunsichert und mit neuen Strukturen konfrontiert, mühsam um die Erhaltung eines Rests von Selbstachtung ringt, während der andere meint, sein bisheriges Leben einfach weiterführen zu können und sich mühsam zu zügeln versucht, den östlichen Zwilling nicht allzusehr zu verachten. Diese Spirale von Schuld, Demütigung, wehrloser Depression oder schamloser Neuanpassung auf der einen Seite und von Verachtung, Aktivismus und Großmannssucht auf der anderen, könnte mich zur Verzweiflung treiben, weil ich das Gefühl habe, daß diese so typisch deutsche Art, mit fehlender Selbstachtung und mangelnder Selbstkenntnis umzugehen, bis zum Erbrechen wiederholt wird.

Erinnern - Wiederholen - Durcharbeiten. In diesem Jahrhundert waren wir alle, waren alle Deutschen die "häßlichen Deutschen" und dies mit gutem Grund. Wenn jetzt nur noch die Ostdeutschen die häßlichen sein sollen - die Überangepaßten, die Kriecher, die Spitzel, die Verräter, die Neonazis - dann findet eine Delegation statt. Unsere gemeinsame faschistische Vergangenheit wird nun auf die Weise verleugnet, daß den DDR-Deutschen die Rolle zugeschrieben wird, die finstere und gemeine Tradition des Nationalsozialismus fortgesetzt zu haben.

Sehr schmerzlich spüre ich das Verstummen der westlichen Linken in diesem Vereinigungsprozeß. Sie hat mit dem Verlust der DDR als Ort der Utopie anscheinend auch erst einmal die öffentlichen Artikulationsmöglichkeiten verloren. Dabei könnte sie vieles von der einseitigen Wucht der Schuldzuweisungen an die alte DDR mildern.

Ich denke, in der deutschen Vereinigung könnte auch die Chance für beide Seiten liegen, die Vergangenheit und gleichzeitig beide Nachkriegsgesellschaften mit neuen und nun mit beiden Augen anzusehen. Für dieses gegenseitige Verstehen, für das gemeinsame Ansehen von Schuld und Scham brauchen wir Kreativität, innere Integrität und Selbstloyalität und - das Pathos sei mir verzeihen - Liebe. Diese Eigenschaften scheinen uns in der gegenwärtigen schneidenden Situation, im öffentlichen Diskurs völlig abhanden gekommen zu sein. Paul Parin (1990) spricht in einem Essay über die "unheimliche Schwierigkeit der Deutschen, die tyrannische Instanz loszuwerden." (S.151) Aber "erst ein Prozeß, der von Schuld und von der vernichtenden Scham entlastet, von Taten, an denen *jeder* psychisch teilgenommen hatte, der der Produktion seiner Unbewußtheit nicht widerstehen konnte, gibt den Blick frei." (S.134)

*Februar 1992*

*Literatur*

Franke, P.(1991): Ihr und Wir.Trennung und Vereinigung. Unveröfftl. Vortrag

Moser, T.(1992): Besuche bei Brüdern und Schwestern. Frankfurt am Main (Suhrkamp)

Parin, P.(1990): Noch ein Leben. Freiburg (Kore)

Wurmser, L.(1990): Die Maske der Scham. Berlin Heidelberg (Springer)

## Versuch, mir und anderen meine ostdeutsche Moral zu erklären

Ich war nicht neutral, als ich Erich Honecker als Angeklagten auf der Bank sitzen sah. Mit ihm persönlich habe ich keine Rechnung zu begleichen, da ginge es mir mit Margot Honecker schon anders. Aber er saß als Repräsentant des Staates vor Gericht, in dem ich 38 Jahre gelebt hatte und dem ich mich bei allem Abstand und aller oppositionellen Kritik doch so weit verbunden fühlte, daß ich ihn nicht verlassen hatte. Es waren widerstreitende Gefühle, die dieser Strafprozeß in mir auslöste: Freude und Genugtuung, daß einer der Oberen der alten DDR sich der Verantwortung nicht entziehen konnte, die er vorher in so hypertrophiertem Maße für uns zu haben meinte. Da war Mitleid mit einem alten Mann, der für seine antifaschistische Gesinnung viele Jahre seines Lebens in Haft verbringen mußte und der im letzten Stadium seiner Krankheit eigentlich nicht mehr in einen Gerichtssaal gehörte. Aber da war auch Erleichterung, als in den ersten Prozeßtagen berichtet wurde, daß er fast elegant, gewandt und der Situation gewachsen aufgetreten sei. Denn ein erbärmliches Staatsoberhaupt - wie wir schon einen erbärmlichen Chef des ehemaligen Staatssicherheitsdienstes hatten - hätte doch nur die gängigen Klischees über die Ostler bedient. Und dann stiegen wieder Wut und Empörung in mir auf, als er in seiner Verteidigungsrede die persönliche und moralische Verantwortung für die Toten an der Mauer zurückwies.

Diese verschiedenen Gefühle sind offensichtlich die Facetten meines Loyalitätskonfliktes. Loyalität nicht gegenüber Erich Honecker - die hatte ich nicht -, gemeint ist die Loyalität zur ehemaligen DDR. Dieser Konflikt ist durch meine Sozialisation in der DDR bedingt, in der ich jahrzehntelang mit Moral überfrachtet wurde; und zwar mit der Moral, für die Erich Honecker dann auch als Repräsentant vor Gericht stand. Aber vielleicht versuche ich, die ganze Geschichte meiner moralischen Prägungen genauer zu erzählen - eine Geschichte, die wahrscheinlich nur für die Schicht und Generation gültig ist, aus der ich komme. Eigentlich kann ich nur für mich selbst sprechen, da meine Biographie keineswegs "typisch" ist. Mit meiner individuellen Darstellung werde ich vielleicht auch dem jetzt vorherrschenden Bild entgegenwirken, daß alle DDR-Bürger gleich seien.

Die Moral, die ich in Kindergarten und Schule und weitaus differenzierter von meinen Eltern vermittelt bekam, war eine anti-faschistische, besser müßte ich sagen: eine nach-faschistische. Es war die Moral der Antifaschisten, die überlebt hatten und die Moral der jungen Aufbaugeneration der DDR. Diese Aufbaugeneration, zu der auch meine Eltern gehörten, war selbst noch von der faschistischen Erziehung geprägt worden; und sie fühlte sich deswegen und wegen des Mitläufertums ihrer Eltern verständlicherweise schuldig. Sie wollte sich von diesem Erbe eindeutig abgrenzen und frei machen.

Mir ist heute klar, daß ich regelrecht mit Antifaschismus gefüttert wurde - und im Gegensatz zum jetzt umlaufenden Schlagwort vom "teilnahmslosen" Antifaschismus der DDR-Pädagogik kenne ich von mir persönlich einen überaus "teilnahmsvollen" Antifaschismus. Bei mir zu Hause wurde sehr viel über die Zeit des Nationalsozialismus gesprochen, meine Eltern hatten Freunde, die selbst im KZ gewesen waren; und ich las relativ früh Bücher wie "Das siebte Kreuz" von Anna Seghers oder sah Filme wie "Nackt unter Wölfen" (die Geschichte des Buchenwald-Kindes), "Ballade vom Soldaten "(die Geschichte eines russischen Soldaten) u.ä. Ich konnte mir die Zeit des zwölfjährigen Reiches nur als eine Zeit unsäglicher Greuel vorstellen, die ich als Kind nicht anders als mit Entsetzen und Fassungslosigkeit wahrzunehmen vermochte. Wie konnten Menschen, noch dazu Deutsche, zu solchen Greueln fähig sein? Das sehr früh angebotene sozial-ökonomische Erklärungsmodell vom "Faschismus als hochent-

wickelster Form des Monopolkapitalismus" und die Projektion, daß diese Verbrecher nun alle im Westen Deutschlands lebten, boten meiner kindlichen Psyche Entlastung. Doch in all diesen Schilderungen oder Auseinandersetzungen kamen der normale faschistische Alltag, die deutsche Kleinbürgerlichkeit mit ihrer "Banalität des Bösen" nicht vor. Und es wurden auch nicht die psychischen Bedingungen für die Anfälligkeit des Kleinbürgers untersucht, sich an grandiosen Ideen zu berauschen und sich in Hierarchien bedingungslos unterzuordnen. Dies hätte ja bedeutet, sich auch mit den psychischen Wurzeln des Funktionierens von Diktaturen überhaupt zu befassen; und von den Mächtigen war keiner daran interessiert, an dem Ast zu sägen, auf dem sie alle saßen.

Statt dessen also in der Pädagogik und in der ideologisierten Öffentlichkeitsarbeit eine auf die Spitze getriebene Schwarzweißmalerei. Auf der einen Seite die nicht mehr einfühlbaren faschistischen Monster und auf der anderen Seite die reinen Lichtgestalten der Antifaschisten. (In der Literatur und Kunst gab es allerdings wesentlich differenziertere Darstellungen.)

Mein einschneidendstes Erlebnis in einer ganzen Reihe nach-faschistischer Erziehungseindrücke war ein Besuch des Frauenkonzentrationslagers Ravensbrück im Alter von elf Jahren. Aus einem Sommer-Pionierlager führte man uns ohne jede Vorbereitung in die Gedenkstätte des KZ - es war ein Programmpunkt des Ferienlagers, der eben absolviert wurde. An einem sehr heißen Tag wurden wir mit grauenvollen Fotos aus dem Lager konfrontiert: Porträts von skelettartig abgemagerten Frauen, Fotos von Bergen von Frauenleichen. Auch der Anblick von noch erhaltenen Folterwerkzeugen, zum Beispiel einem Prügelbock, blieb uns nicht erspart. Ich fühlte mich von diesen Eindrücken so überwältigt, daß ich das einzige Mal in meinem Leben ohnmächtig wurde. Mir ist heute klar, daß diese Art der Konfrontation mit Faschismus ein sadistischer Akt war. (Und deswegen kann ich trotz meiner hellen Empörung auch nachvollziehen, was Menschen auf die Idee bringen konnte, unweit dieses Geländes einen Supermarkt zu errichten. Es war seitens der Anwohner neben der Verdrängung von Schuld und Scham auch ein äußerst unglücklicher Versuch der Zurückweisung dieses nach-faschistischen Sadismus.)

Nach diesem Erlebnis begann ich mich noch mehr mit dem Nationalsozialismus zu beschäftigen. Ich las die Biographien von Käthe Niederkirchner und Olga Benario-Prestes, die beide in Ravensbrück ermordet wurden. Es waren Berichte über heroische Frauen, in denen die genaue Schilderung ihrer Foltern und ihrer Standhaftigkeit in der Folter einen breiten Raum einnahm. (Bis heute habe ich das Bild einer Frau in der Seele, die unglaublich geschlagen wird und dabei immer einen bestimmten Farbpunkt an der Decke fixiert, um es irgendwie auszuhalten.) In mir begann sich die Vorstellung zu entwickeln, daß man ein solcher Mensch sein müßte: Jemand, der der Folter widerstehen kann, der unter den widrigsten Umständen seiner Idee treu bleibt. Gleichzeitig wußte ich, daß ich dieser Mensch auf keinen Fall war, da ich eigentlich sehr harmoniebedürftig war und besonders vor körperlichen Schmerzen immer große Angst hatte; jeder Zahnarztbesuch stellte für mich ein schier unüberwindliches Hindernis dar. Aber das Bild von der Märtyrerin für eine Idee war mir schon in die Seele gesenkt und wie mir auch vielen anderen. (Bei manchen führte es aber zu heftiger Abwehr dieser zugewiesenen Märtyrerrolle. Nichts anderes kann einen Jungen aus meiner Klasse mit zwölf Jahren dazu gebracht haben, Hakenkreuze an die Wände des Schulhauses zu malen. Er war ganz bestimmt kein Neonazi, und nur die völlig überzogene Reaktion der Erwachsenen muß ihn dann darin bestätigt haben, daß er offensichtlich einen allergischen Punkt getroffen hatte und so die lang ersehnte Aufmerksamkeit bekommen konnte.) Diese Zuweisung der Märtyrerrolle geschah auf sehr vielen Ebenen, auch durch die Lieder, die man in der Schule lernte, z.B. "Das Lied vom kleinen Trompeter". Es ist angeblich Honeckers Lieblingslied, das er an seinem Grab gespielt haben möchte: Der heroische Tod eines Kindes für die sozialistische Idee. "Von all unsern Kameraden war keiner so lieb und so gut, wie unser kleiner Trompeter, ein lustiges Rotgardistenblut." Es rührte mich zu Tränen. "Ich trage eine Fahne und diese Fahne ist rot ... Die Fahne ist niemals gefallen, so oft auch ihr Träger fiel ..."; "Es steht ein Mann, ein Mann, ein Mann wie eine Eiche - vielleicht ist er schon morgen eine Leiche, wie es schon vielen Freiheitskämpfern ging." Der Mensch ist austauschbar, die Idee bleibt.

Dies war anscheinend auch eine Art, mit dem Verlust der vielen gemordeten Freunde und Genossen umzugehen: Sie wurden die Märtyrer der einzig wahren Idee. Die Geschichten von den gemordeten Antifaschisten waren die Heldensagen der DDR (die Ermordung von Millionen Juden war dabei meist nur ein Nebenthema), und die Überlebenden erfüllten deren ideelles Vermächtnis - schon deshalb mußten sie im Recht sein. Es wurde dabei völlig verschwiegen oder verdrängt, wie die Überlebenden überleben konnten, welchen Preis an Menschlichkeit sie zu zahlen hatten und wie sie durch eine derartige Verfolgung selbst deformiert wurden.

Die Antifaschisten, die nach dem Zweiten Weltkrieg als Machthabende eingesetzt wurden, haben so, mehr oder weniger bewußt, ihre unter der Verfolgung entstandenen Selbst- und Feindbilder und ihre Verletzungen weitergegeben. Sie installierten damit ein quasi-sadistisches Über-Ich, das seine Berechtigung aus der Anzahl der Toten, den Qualen der Opfer und ihren eigenen Leiden zog. Ein Über-Ich, das auf der einen Seite die Buße für diese Opfer und dieses Leid (für die deutsche Schuld) verlangte und das auf der anderen Seite den Wert eines Menschen an der Treue zu ihrer Ideologie maß. Diese Antifaschisten, zu denen auch solche Künstler wie Brecht und Anna Seghers gehörten, waren der Überzeugung, dieses Volk, das den Nationalsozialismus bejubelt und getragen hatte, nur noch erziehen, bestrafen oder belehren zu müssen - und dies bis ins dritte Glied.

Zu der grausamen Wahrheit, daß Unmenschlichkeit auch die Opfer unmenschlicher macht bzw. daß über eine bestimmte Art von Leiden hinaus diese Opfer nicht edler, sondern nur selbst grausamer und paranoider werden - besonders wenn sie in Machtpositionen gelangen, die dauernd bedroht sind -, zu dieser Wahrheit hatten wir, die Enkel der Nazi-Mitläufer, uns erst durchzukämpfen.

Die oben beschriebene nach-faschistische Moral mit den Säulen: Standhaftigkeit unter widrigsten Umständen, Treue zur Sache, Entwicklung der Persönlichkeit im Dienste der Sache (klingt das nicht ein bißchen nach "zäh wie Leder, hart wie Kruppstahl"...?), diese Moral ist eine unter brutalen Umständen und im Widerstand gegen Unmenschlichkeit entstandene Moral, die selbst wieder brutal war. "Wir, die wir den Boden bereiten wollten für Freundlichkeit, konnten selber nicht freundlich sein" - wie habe ich diese Zeilen von Brecht später gehaßt, wurden sie doch ständig herangezogen als Entschuldigung für die Ungerechtigkeiten und Brutalitäten in der DDR und für das weitere Gefangensein in der Vernichtungslogik. (Erich Honecker ist bis heute nicht aus diesem Teufelskreis ausgestiegen; seine erhobene Greisenfaust macht dies auf herzkrampfende Weise deutlich.)

Diese nach-faschistische, selbst sadistische Moral bildete sozusagen meinen moralischen Urgrund, in den dann die anderen Werte eingepflanzt wurden : Die zehn Pioniergebote, die Timur-Brigaden-Ideologie usw. Das Ganze war eingebettet in den Mythos vom Kollektiv, dem man sich in jedem Fall unterzuordnen bzw. für das man eigene Strebungen zurückzustellen hatte.

So kam es, daß ich, auch wenn ich bei manchen Fahnenappellen, bei den Pioniernachmittagen und bei einigen Lesetexten aus den Schulbüchern ein merkwürdig flaues Gefühl hatte, dies immer als das kleinere Übel anzusehen versuchte, um so viel weniger schlimm als der "böse" Faschismus, der im anderen Deutschland angeblich kräftig weiterwucherte.

Irgendwann mußte dieser moralische Rigorismus mit seiner Mischung aus eingepflanzten Schuldgefühlen (für eine Schuld, die ich als ganz persönliche Schuld nicht hatte) und hochmütiger Rechthaberei (denn wer einmal auf der antifaschistischen Seite stand, war sozusagen schon deswegen für immer im Recht) mit der Realität kollidieren.

An einen der ersten ernsten Konflikte in der Realität erinnere ich mich noch genau: Wir sollten uns in der dritten Klasse durch Unterschrift verpflichten, keinen Westsender zu hören oder zu sehen. Alle unterschrieben und - sahen oder hörten mit mehr oder weniger großer Ruhe weiter. In mir stritt das Gefühl, daß man wirklich den feindlichen Sender ignorieren sollte, mit der Lust auf bestimmte Sendungen. Meine Eltern sagten: Wenn du unterschrieben hast, mußt du dich auch daran halten. Irgendwann löste sich dieses Gebot auch wieder auf, aber lange Zeit sah ich nur mit unterdrückten Schuldgefühlen meine geliebten Kindersendungen. Und ich hatte auch Angst, erwischt und bestraft zu werden. Auf dem Marktplatz in Halle wurden zu dieser Zeit Fernseher ausgestellt, daneben Antennen, die umgeknickt waren, weil sie in die falsche Richtung gezeigt hatten.

Eine weitere Anfechtung für meine moralische Weltanschauung war das Leiden an der Unlebendigkeit und Langeweile des Pionierdaseins. Das leere Abarbeiten von Formalitäten beispielsweise bei einer Gruppenratswahl konnte mir die letzte Freude am Sozialismus verderben. Meine Strategie bestand dann darin, "es besser zu machen", Funktionen zu übernehmen und zu versuchen, eigene Ideen zu gestalten. Von der 5.Klasse an hatte ich Funktionen bei den Pionieren, später bei der FDJ. Letztlich habe ich nichts besser gemacht, manches war eitles Geltungsbedürfnis, und für manchen leidenschaftlichen politischen Auftritt könnte ich jetzt noch vor Scham in den Boden versinken. Aber ich habe es ernst gemeint mit der besseren Welt, mit der ich auch die unsrige meinte.

Mit der Pubertät kamen dann die eigentlichen Konflikte und Fragen. Der Freund, in den ich verliebt war, erzählte mir vom Stalinismus und gab mir die Protokolle des Slansky-Prozesses zu lesen. Ich war erschüttert von den seitenlangen Selbstbeschuldigungen der Angeklagten und begann mich nun sehr intensiv mit dem Stalinismus zu beschäftigen. Bei meinen Eltern fand ich Unterstützung und Literatur. Sehr früh las ich Solschenizyn.

1968 war ich 16 Jahre alt, und dieses Jahr hat alles verändert. Glühend verfolgte ich die Ereignisse des Prager Frühlings. Im April '68 wurde über die neu erstellte Verfassung der DDR, "die erste sozialistische Verfassung auf deutschem Boden", abgestimmt. (Erinnert ihr Euch noch, DDR-Bürger, wie ihr alle mit "Ja" gestimmt habt?) Eine Gruppe von Freunden und ich gestalteten zu diesem Thema eine Wandzeitung. Wir brachten Zitate von Ernst Fischer, Wolf Biermann und Alexander Dubcek zusammen mit dem Artikel über "freie Meinungsäußerung" aus der alten Verfassung an die Wand. Diese Zeitung hing höchstens zwei Stunden im Treppenaufgang unserer Schule, bevor sich der Direktor persönlich dranhing, um sie abzureißen. Es folgten inquisitorische Gespräche und Abmahnungen, die sich nach einem Monat plötzlich noch verschärften - als angeblich von Margot Honecker persönlich die Weisung kam, mit uns strenger zu verfahren. Was dann folgte, war eine Art Kleinauflage stalinistischer Prozedur:

Wir wurden als Konterrevolutionäre bezeichnet und je nach vermeintlicher Beteiligung abgestraft. Ein Teil der Verfasser mußte nach dem Abitur ein Jahr "in die Produktion" (interessanterweise war es im Arbeiter-und Bauern-Staat eine Strafe, in die Arbeiterklasse eingereiht zu werden), was bedeutete, daß sie, weil sie Jungen waren, in diesem Jahr zur Armee gezogen wurden und so erst zwei Jahre später studieren konnten. Vor allem aber hatten sie die ekelhaften Repressionen der NVA zu erdulden. Ich selbst erhielt als die Jüngste von allen einen Verweis vor dem Fahnenappell, der mir nun gar nichts ausmachte, sondern im Gegenteil mein pubertäres Hochgefühl stärkte, es "denen" mal gezeigt zu haben. Aber die nächsten zwei Jahre an dieser Schule wurden dann doch bitter - die Freunde nicht mehr da und ich "auf der

Abschußrampe", wie der Staatsbürgerkundelehrer meinen Status bezeichnete. Ich wurde ständig auf Wohlverhalten beobachtet und gezielt gedemütigt, indem ich z.B. den Auftrag erhielt, zum Einmarsch der Warschauer Paktstaaten in die CSSR einen Vortrag zu halten, wo doch jeder wußte, wie entschieden ablehnend ich diesem gegenüberstand. Ich hielt einen Vortrag, der nur aus Zitaten bestand, keineswegs nur zustimmenden - ohne ein einziges persönliches Wort. Trotzdem schäme ich mich bis heute dafür. Ich habe diese beiden Jahre durchgehalten, aber der Preis, den ich zahlte, war zu hoch. Ich wollte "ihnen" beweisen, daß ich es doch schaffen würde zu studieren und trieb mich zu schulischen Hoch-leistungen, während ich in allen politischen Fragen nur auf Aufforderung etwas sagte, was "sie" gerade noch durchgehen ließen.

Ich bin 1990 in einer Podiumsdiskussion gefragt worden, welche Entscheidung in meinem Leben ich gerne rückgängig machen würde. Und ich sagte, daß ich genau an diesem Punkt die falsche Entscheidung getroffen hätte. Ich hätte mit dem Abschluß der 10. Klasse die Schule verlassen und einen anderen Weg wählen sollen, nicht den des Gerade-noch-so-Durchkommens, der mich letztlich in die Gruppe der braven Studenten einreihte und mich zu einer Anpassung zwang, unter der ich körperliche und psychische Symptome entwickelte. In einem bestimmten Moment wäre ich fast ausgestiegen, aber alle, die ich schätzte, rieten mir dringend davon ab, und ich war nicht stark genug, meinen wirklichen Gefühlen zu trauen und strikt den Weg zu gehen, den mir diese Gefühle

wiesen. Ich war auch deswegen nicht stark genug, weil ich die Polarisierung in "ich" und "sie" noch nicht wirklich glauben und annehmen konnte. Ich dachte noch immer, daß wir auf der gleichen Seite stünden, "sie" nur eine andere, allerdings ziemlich widerliche Art hätten. Hier schlug wieder das Argument durch, daß sie doch auf jeden Fall Antifaschisten seien, denen man niemals in den Rücken fallen dürfe.
Im Juli '68 machte ich Urlaub bei einer Freundin meiner Eltern in Prag, deren Sohn mein späterer Ehemann werden sollte. Ich erlebte die inspirierende und kreative Atmosphäre in den Straßen von Prag, die Schlangen an den Zeitungskiosken und wie sich eine Gruppe tschechischer Intellektueller vor Lachen ausschüttete, als sie Ulbrichts Kommentare zur Lage im Radio hörten. Ende Juli fuhr ich mit dem Gefühl zurück, daß diese Veränderungen nun auch bald in der DDR greifen würden. Ich war frisch verliebt, das Leben lag vor mir, und die aufregendsten Dinge standen bevor.

Wahrscheinlich standen die Panzer in diesen Tagen schon bereit.

Die Okkupation der CSSR war für mich eine unvorstellbare, eine zutiefst verabscheuenswerte Tat, und eigentlich machte sie die Polarisierung ("ich" und "sie") überdeutlich. Trotzdem hat sie die so tief in mich gesenkte Loyalität mit der DDR noch nicht so weit in Frage gestellt, daß ich daran gedacht hätte, dieses Land zu verlassen. Der Bruch mit den "Herrschenden" war zwar vollzogen und es war von nun an für mich selbstverständlich, kein irgendwie geartetes Amt zu übernehmen noch irgendeiner politischen Partei beizutreten, aber die "Märtyrerin" war mir eben auch ins Herz gesenkt, und die meinte nun, durchhalten und in mühseliger Aufrichtigkeit ihren individuellen Weg gehen zu müssen. Wichtig scheint mir, daß die Loyalität zur DDR, die uns ja nun wirklich eingehämmert wurde (noch bei Beginn meiner Arbeit in der Nervenklinik wurde ich gefragt, wie ich denn gedenke, meinem Staat für mein absolviertes Studium zu danken), daß diese Loyalität irrationale, fast könnte ich sagen mystische Dimensionen hatte. Irgendwie haben die platten, uns übergestülpten Muster doch bis in die Tiefe, ins Unbewußte gewirkt. Nicht umsonst hieß die Mauer "antifaschistischer Schutzwall". Ich glaube, daß die Leiden, die die herrschenden Antifaschisten in der Zeit des Nationalsozialismus hatten erdulden müssen, einen solchen Wiederhall in mir fanden, daß ich meinte, diesen Staat niemals verlassen zu dürfen, obwohl ich ihm als eine zeitweise sogar "konspirativ arbeitende" Oppositionelle unversöhnlich gegenüberstand. Erst jetzt wird mir bewußt, daß sich meine Loyalität zur DDR tatsächlich auf die tief gefühlte Solidarität mit den Opfern des Faschismus gegründet hat, auf das Erleben einer Art Erbschuld, die ich wenigstens damit abzutragen versuchte, daß ich die Überlebenden nicht verließ. Im Unbewußten hat Erbschuld oft auch etwas mit "Inzest" zu tun, und entsprechend erlebe ich rückblickend manchmal die DDR: als ein amorphes, inzestuös gebundenes Gebilde, das sich einmauern mußte, um in diesem Zustand bleiben zu können.

Bei mir jedenfalls hat die quasi inzestuöse Gebundenheit sehr lange funktioniert, auch weil ich dann durch vielerlei Privilegien nicht das nackte Gesicht oder die grobe Faust dieses Machtapparates zu sehen oder zu spüren bekam und ihm auch mehr oder weniger bewußt tunlichst ausgewichen bin. Im Grunde habe ich das erst in der Nacht vom 7. zum 8. Oktober 1989 begriffen, die ich stramm stehend mit dem Gesicht zur Wand verbrachte, hinter mir die Schäferhunde und die schlagenden Polizisten. Wirklich erst da ist der letzte Hauch Loyalität aus meinem Körper gewichen.

Oder doch nicht? Warum war mir in der Nacht des 3.Oktober 90, dem Tag der deutschen Einheit, so schrecklich kotzübel? War es die Spannung zwischen der alten Loyalität und dem Widerstand dagegen? Bis in die Körperfasern waren eine Art von moralischer Treue und ein Wachsystem darüber installiert.

So sehr ich die jugendlichen Schläger verurteile und verabscheue, so kann ich doch als Psychologin sehen, wie da Jugendliche um sich schlagen, die sich aus staats-inzestuösen Bindungen entlassen fühlen, aber nichts anderes kennen, mit den neuen Freiheiten nichts anfangen können und die Reflexionsmöglichkeiten weder haben noch geboten bekommen, die ihnen helfen würden, ihre eigenen Gefühle zu verstehen. Sie weisen die nach-faschistischen, verdeckt sadistischen und übermoralischen Erziehungsideale ihrer Eltern anti-moralisch und sadistisch zurück. Ihre Kult-Band, die "Böhsen Onkelz", singt die Hymnen des Bösen und gleichzeitig Zeilen wie: "Wer schützt mich vor dir, wer schützt mich vor mir, wer schützt mich vor dem Bösen in uns, wenn es eskaliert." Ich kann mir nicht vorstellen, daß dieser "Schutz" nur darin bestehen kann, sie ihrerseits zusammenzuschlagen und in die Gefängnisse zu stecken, obwohl dieser Schutz für alle Bedrohten und für uns selbstverständlich notwendig ist. In der öffentlichen Diskussion fehlen mir die Fragen, die die Eltern und Lehrer sich zu stellen hätten: Was haben wir mit unseren Kindern gemacht? Was für ein Werte- und Moralvakuum haben wir anscheinend mit unserer

Erziehung installiert, in das sich jetzt neofaschistische Ideen so leicht gießen lassen?

Ich denke in diesem Punkt strikt psychoanalytisch: Nur was durchgearbeitet und verstanden worden ist, kann sich dem Wiederholungszwang entziehen. Oder wollen wir etwa doch nur die Polarisierungen der Weimarer Republik wiederholen und nur noch schlagende Argumente gelten lassen?

Am Tag, als ich nach den Anpassungsqualen der Schulzeit doch zum Studium der Psychologie zugelassen wurde, 1970, schenkte mir meine Mutter einen Band mit Gedichten von Boris Pasternak mit dem besonderen Hinweis auf diese Strophen:

> Das eigene Ich nur darf man leben,  
> So leben, daß man unverwehrt  
> Erringt des Universums Liebe,  
> Daß man den Ruf der Zukunft hört.
>
> ...
>
> Du weiche nicht um Haaresbreite  
> von Deinem Ich im Herzen ab,  
> Du mußt lebendig bleiben, leben,  
> Mußt leben, leben bis ans Grab.

Was für eine Zumutung, daß ich, nachdem ich gerade mein Ich so hatte beugen und verbiegen müssen, um überhaupt studieren zu können, mit diesem Anspruch konfrontiert wurde! Und doch habe ich diese Zeile oft vor mich hingemurmelt: "Du weiche nicht um Haaresbreite", stärkte sie doch auch die widerständige Seite in mir und untermauerte meinen schon verfestigten moralischen Rigorismus. Sie hat mir bestimmt manchmal geholfen, bei mir selbst zu bleiben und an den richtigen Stellen standzuhalten - aber sie hat mir auch den Weg abgeschnitten zu Flexibilität, Weichheit und Leichtigkeit und zu den einfachen Freuden von Genuß und Leichtsinn. Was um Gottes Willen soll das auch heißen, nicht um Haaresbreite von seinem Ich abzuweichen? Kann das nicht auch das Bild für die Unlebendigkeit einer Salzsäule sein, die in Selbstgerechtigkeit erstarrt ist?

Es wäre mir lieb gewesen, vor Gericht nicht nur einen in seiner Ideologie erstarrten Erich Honecker erleben zu müssen. Ich hätte gern einen alten Mann gesehen, der über sein Leben zu reflektieren vermag, der zu seinen Prägungen und seinem früheren Mut steht - wie auch zu seinen Fehlern und den Konsequenzen seiner politischen Entscheidungen. Dieser Wunsch ist nicht in Erfüllung gegangen. Weder war Erich Honecker dazu in der Lage, noch sind die Umstände des deutschen Vereinigungsprozesses so, daß es zu einem Nachdenken in Würde und Anstand über ein so exemplarisches deutsches Leben hätte kommen können.

*Januar 1993*

# East goes West

Meine frühesten Erinnerungen an den Westen reichen ins dritte und vierte Lebensjahr, also in die Jahre 1955 und 56. Meine Eltern und ich lebten damals in Ost-Berlin. Bei uns lebte Tante Grete, die Schwester meines Großvaters, die die Aufgabe hatte, mich zu betreuen. Tante Grete war die einzige Person unserer kleinen Familie, die des öfteren in den Westen, d.h. in das so nahe Westberlin fuhr. Sie war von der Ideologie, die meine Eltern im Osten festband, weit entfernt. Sie machte im Westen Besuche und brachte mir jedesmal etwas mit: Meist Schokolade und einmal einen wunderschönen schwarzen Plüschkater, den sie bei einer Tombola gewonnen hatte. Sie hielt sich aber streng an das Gebot meiner Eltern, mich nicht in die andere Stadthälfte mitzunehmen. Wenn ich mich richtig erinnere, habe ich sie auch nie darum gebeten.

Von heute aus erscheint es mir absurd, daß meine Eltern Westberlin wirklich so gut wie nie betreten haben. Nur einmal ging meine Mutter als Wahlhelferin für die in Westberlin erlaubte SEW doch "rüber". Sie verteilte Flugblätter, ohne daß ihre Auftraggeber ihr gesagt hätten, daß sie dafür eine Genehmigung der Westberliner Behörden gebraucht hätte. So wurde sie von einem Stupo verhaftet und saß tatsächlich für ein paar Tage in Moabit im Gefängnis ein. Sie hat mir die Geschichte erst viel später erzählt: Wie der dortige Vernehmer ob ihres trotzigen und ideologisch gefestigten Auftretens sich umwandte und auf eine große Landkarte der Sowjetunion in seinem Rücken deutete. Auf dieser Landkarte waren mit roten Fähnchen die Standorte der stalinistischen Lager markiert. Meine Mutter wurde angesichts dieser für sie völlig unvorstellbaren und anscheinend so eindeutigen "Feindpropaganda", das war wohl im Jahr 1955, nur noch trotziger.

Wenn wir meine Großeltern in der Nähe von Potsdam besuchten, fuhren wir mit der S-Bahn durch Westberlin. Ich kann mich nicht erinnern, wie es durch die Scheiben auf mich wirkte. Ich erinnere mich aber genau, wie in Wannsee die Volkspolizei zustieg und die Ausweise kontrollierte. Das Kind nahm dies als lästige Selbstverständlichkeit hin, in der aber ein untergründiges Gefühl von Bedrohung mitschwang. Irgendetwas mußte ja in dieser nicht-betretbaren Zwischenstadt hausen, etwas nicht zu benennendes Böses mußte da lauern, was diesen Aufwand an Staatsmacht notwendig machte. Das Kind muß phantasiert haben, daß allein das Durchfahren dieser verbotenen Stadt eine Gefahr darstellte, die hinterher durch die Polizei kontrolliert und gebannt werden mußte.

Vor zwei Jahren sagte ein westdeutscher Kollege über eine Ostdeutsche, die in einer westdeutschen Stadt an einer Podiumsdiskussion teilnahm:

"Sie bewegt sich ja immer noch wie im Feindesland." Ich auch, dachte ich, und damals hat es angefangen.

Andererseits kamen aus dem Feindesland auch die gute Schokolade und die Geschenke von Tante Grete und es wohnten dieser Seite anscheinend auch noch andere positive magische Kräfte inne: Tante Grete erwirkte, daß ich zur Heilung meines Keuchhustens mit ihr auf den Westberliner Funkturm fahren durfte. Dabei ging es eigentlich um die Höhe und nicht den Standort dieses Turmes. Aber in meiner kindlichen Seele brachte ich dies offensichtlich durcheinander. Ich weiß noch meine Aufregung an diesem Tag, sehe noch den Fahrstuhl hoch zur Plattform. Der Keuchhusten war danach selbstverständlich nicht weg, eine dem Westen zugeschriebene Wirksamkeit trat nicht ein.

*S-Bahnhof Berlin Röntgenthal (1984)*

Es sollte sogar noch schlimmer kommen. Tante Grete blieb von einem Tag auf den anderen in Westberlin und kam nicht mehr zurück. Sie verließ den Osten und damit auch das Kind ohne ein Wort des Abschieds. In dem Haus in Karlshorst, in dem wir damals wohnten, faßten sowohl die Mitbewohner im unteren Stock als auch die des Gartenhauses den gleichen Entschluß. Ebenfalls über Nacht standen ihre Wohnungen - noch mit allen Möbeln darin - leer. Die Polizei kam und versiegelte sie. Die Bewohner des Gartenhauses hatten einen märchenhaft großen roten Ball zurückgelassen, den ein Polizist mir schenkte. Ich konnte es nicht fassen: Was mochte Menschen dazu bewegen, so plötzlich davonzugehen und selbst so etwas Wunderbares wie diesen Ball nicht mitzunehmen? Damals muß sich in mir dieses merkwürdige, höchst ambivalente Bild vom Westen ausgeprägt haben: Eine sehr wirksame, geheimnisvolle Macht, die Menschen dazu bringt, andere Menschen zu verlassen. Ein verführerisches Etwas, das man unter Kontrolle halten muß. Das Anziehende, von dem man sich aber keinesfalls verführen lassen darf, weil dahinter das Böse lauert: z.B. Treulosigkeit oder auch waghalsiges Davonstürzen.

Als ich sieben Jahre alt war, zogen wir nach Halle und dort war die unmittelbare Konfrontation mit dem Westen viel geringer. Das Einzige, was ich aus dieser Zeit erinnere, ist die beginnende ideologische Beeinflussung in der Schule, die uns weismachte, alle Kriegstreiber und Faschisten hätten ihren Wohnsitz im Westen des Landes. Ob Tante

Grete eine Kriegstreiberin war? Auf jeden Fall hatte sie mich böswillig verlassen. Als sie später äußerst selten zu Besuch kam, wollte sie immer unsere Margarine kosten, ob die auch - wie im Westen - genauso wie Butter schmeckte. Nur der Westen konnte aus dieser mir so zugewandten Frau diese kleinbürgerliche Spießerin gemacht haben, die mit einem Ausdruck von Ekel auf dem Gesicht unsere "Sahna" - immerhin das Beste, was wir hatten - auf der Zunge zergehen ließ.

Ansonsten hatte ich keinen lebendigen Kontakt zu wirklichen Westmenschen. Das lag auch daran, daß meine Großmutter mit dem Teil ihrer Familie, den es nach dem Krieg in den Westen verschlagen hatte, zerstritten war. Wir bekamen also keine Westpakete und auch sonst gab es nichts, woran ich meine frühen Eindrücke hätte überprüfen oder verändern können.

1961 war ich neun Jahre alt und der 13. August ist an mir ohne die Spur einer Erinnerung vorbeigegangen. Er brachte anscheinend in mein damaliges Leben keinerlei Einschnitt oder Veränderung. Aber 1962 zogen wir nach Kleinmachnow bei Berlin und kamen so in einen Ort, der durch dieses Ereignis außerordentlich geprägt und bestraft war. In Kleinmachnow stieß man an jeder Ecke an die Mauer und jede Fahrt nach Ostberlin war ein umständliches um Westberlin-Drumherumfahren. Ich hörte die verbitterten Äußerungen der Leute, die schon alle Sachen bereitgelegt hatten, um zu gehen und nun gezwungen worden waren, in dieser ungeliebten DDR zu bleiben. Dies bestätigte mir eher die Wichtigkeit der Mauer: Es konnten doch schließlich nicht alle weggehen! Meine Eltern und ihre Freunde sahen die Mauer als Chance, nun innerhalb der DDR mehr Selbstbewußtsein und ein liberaleres Umgehen mit den inneren Widersprüchen befördern zu können. Als ob ein System, das diese Außenabschottung nötig hatte, nach innen Offenheit, Elastizität und Flexibilität entwickeln würde. Die Verzerrungen der Wahrnehmung, die Ausblendung von Realität, die der kalte Krieg für die Menschen auf beiden Seiten brachte, sind von heute aus kaum nachzuvollziehen.

Ich nahm die Mauer als eine unverrückbare Tatsache hin und auch der Umstand, daß ich meine Freundin, die im Grenzgebiet wohnte, eigentlich erst nach Antrag hätte besuchen dürfen, regte mich nicht zu tieferem Nachdenken an. Ich sauste mit meinem Fahrrad an den Grenzern vorbei, die mich nie anhielten.

Wenn man inmitten von Ungeheuerlichkeiten aufwächst, die die meisten Menschen, die für einen maßgeblich sind, nicht für ungeheuerlich halten, richtet man arglos und unbedacht sein Leben damit ein.

In Kleinmachnow konnten wir natürlich auch Westsender empfangen und Westfernsehen sehen. Ich sah bis in die Pubertät hinein besonders gerne die Vorabend-Serien. Ist eigentlich schon mal untersucht worden, welche Auswirkungen es hat, in einem Land zu leben, aber ständig und unablässig von den Medien des anderen Landes begleitet zu sein? Ich hörte seit der Pubertät täglich die Musiksendungen im Rias und im SFB, hörte dabei auch die Veranstaltungstips, was an diesem Abend

*In Caputh*

in der "Eierschale" oder im "Quartier Latin" zu hören sein würde usw. Ich sollte diese mystischen Orte erst 20 Jahre später in der Realiät sehen können und hatte mir natürlich eine grundlegend andere Vorstellung von ihnen gebildet. Nebenbei bekam man auch die Verkehrsmeldungen mit und so hörte ich von Sperrungen des Ernst-Reuter-Platzes oder Staus in der Sonnenallee, ohne die geringste Möglichkeit, mir diese Örtlichkeiten selbst einmal anzusehen. Ich habe auch nicht versucht, sie mir auf Karten anzugucken, mir eine innere Topographie von Westberlin zu bilden. Bekanntlich ließen die DDR-Karten den Westen weiß, aber ich hätte natürlich an andere Karten herankommen können. Ich hielt dies für absolut sinnlos, weil ich sowieso nie dahin kommen würde. Nie werde ich vergessen, wie ich 1986 mit meinem damals siebenjährigen Sohn auf den Ostberliner Fernsehturm stieg. Ich zeigte ihm von dort oben den Verlauf der Mauer durch Berlin, der nur von dort oben so eindrücklich zu verfolgen war. "Aber hinter der Mauer ist ja eine richtige Stadt!"- rief mein Sohn, der bis dahin anscheinend die Vorstellung hatte, daß hinter der Mauer nichts sei, bzw. von einer weißen Fläche ausgegangen war. Von hier oben konnte man deutlich sehen, wie weit sie sich hinter der Mauer erstreckte. Er zeigte mir damit, welches Bild ich ihm bisher von der anderen Stadthälfte vermittelt hatte. Ich erschrak tief. Während für mich der Westen immerhin noch ein Ort der Phantasien und Projektionen war, war er für ihn bis dahin einfach ein Nichts, eine Leerstelle, unbetretbares Land, weiß wie ein nichtbenutztes Laken.

Und dies, obwohl ich zu diesem Zeitpunkt schon mehrmals im Westen gewesen war. Das erste Mal 1980, also mit 28 Jahren. Bei dieser ersten Reise wurde ich unbewußt von den schon geschilderten Prägungen begleitet und von einer ungeheuren inneren Spannung ob der Einmaligkeit und des Privilegs dieser Reise. Heute weiß ich, daß sie unter dem inneren Motto: Nicht verführen lassen! ablief. Mich beeindruckten im Westen besonders sinnlich-ästhetische Dinge: Die Gerüche und die Farben, die verschiedensten Gerichte, die Freundlichkeit in den Restaurants. Gleichzeitig sagte ich mir: Ja, das ist die Verpackung des ausbeuterischen Systems - fall nicht darauf herein!

1984 ging meine beste Freundin nach Westberlin - ich fühlte mich erneut verlassen. Durch ihre Briefe bekam ich dann einen ganz neuen Zugang zum anderen Teil der Stadt. An ihr konnte ich den Prozeß schon miterleben, in dem ich mich dann seit '89 selbst befand. War dies ein Lernprozeß?

Ich war auf die andere Gesellschaft durch diese Freundin und West-Freunde sowie durch das Privileg einiger kurzer West-Reisen schon vor dem Mauerfall ungewöhnlich gut vorbereitet. Aber selbst innerhalb neuer Strukturen leben zu sollen, ist etwas ganz anderes. Und meine Reaktion darauf war zunächst nicht unbedingt ein Lernprozeß. Es war eher etwas wie Wahrnehmen - Bewerten - Auswählen, was ich in dieser anderen Gesellschaft mir aneignen mußte, weil mir nichts anderes übrig blieb (von der Auswahl einer Margarine, die sich auch zum Braten eignet wie unsere alte Marina - bis zur Abfassung einer Steuererklärung und vor allem eines Gutachtens für die Krankenkasse so, daß ich auch psychotische Patienten psychotherapeutisch behandeln kann). Eine Auswahl, was ich mir aneignen möchte (fachliche Weiterbildungsmöglichkeiten, Kultur usw.) und was ich sein lassen kann oder unbedingt sein lassen werde (Teilnahme an Talk-Shows z.B.). Es war also ein Bewertungs- und Auswahlverfahren, das die in der DDR gewachsene Person vornahm und das vom trotzigen Widerstand (jede neu auftauchende Werbetafel empfand ich als eine Zumutung) bis zum vorsichtigen Annehmen bei klarer Abgrenzung in bestimmten Bereichen reichte.

Daneben und eigentlich spannender erlebte ich die Herausforderung durch das Andere und Fremde. Da war die Wirkung, die der Blick des Anderen, der Blick des Westlers auf mich hatte. In vielfältigen Begegnungen vor allem mit Fachkollegen habe ich diesen Blick auf mich wirken lassen und es hat mir einiges sehr deutlich gemacht, hat mich auch verändert: Beispielsweise wurde mir nachhaltig klar, in wieviel größerem Ausmaß, als mir bewußt war, ich durch die moralischen Kategorien der antifaschistischen Erziehung geprägt worden bin. Und daß ich, obwohl ich mich seit 1968 als Oppositionelle begriff, diesen moralischen DDR-Rigorismus weit tiefer verinnerlicht hatte, als ich glaubte. Wie bestimmte Erziehungsmuster, von denen ich mich schon abgelöst glaubte, doch bis heute wirken ("Feindesland", Verführung durch den Westen). Bei Uwe Johnson, der mir wie kein zweiter in diesem neuen Deutschland fehlt, hätte ich schon 1975 einiges über diese wunderliche, "personenähnliche Größe" der DDR-Loyalität nachlesen können.

Dies war also ein individueller Lernprozeß in persönlichen Begegnungen, mit Westlern "meiner Wahl" und zu Bedingungen, die ich mir selbst ausgesucht hatte: Die Chance, mich neu und von außen zu sehen, mein Leben in einen anderen Bezugsrahmen zu setzen, das alles wirkte auch befreiend. Mir wurde erstmals die infantilisierende Einschnürung durch die DDR, in der ich mich einigermaßen eingerichtet hatte, richtig bewußt. Und ich spürte sehr viel Trauer in mir aufsteigen über die verlorengegangene Lebenszeit, in der wichtige Seiten und Fähigkeiten von mir brachliegen mußten. Rückblickend habe ich ein Gefühl zur DDR wie ich es aus sehr intensiven, aber letztlich beschädigenden Beziehungen kenne, wenn man sich hinterher wundert, wie man es so lange hat aushalten können und sich gleichzeitig freut, noch mit einigermaßen heiler Haut davongekommen zu sein.

Diese Einschätzung mag viele Ostler befremden, gar verletzen. Zur Möglichkeit des Lernens gehören bestimmte Bedingungen, die viele nicht haben. Es sind dies nicht nur die sehr gravierenden sozioökonomischen Bedingungen, sondern auch psychische. Es lernt sich schlecht, wenn man mühsam um den Erhalt seiner Selbstachtung ringen muß und den äußeren wie inneren Entwertungen zu widerstehen hat. Die Ostler haben sich mit Schuld und Scham auseinanderzusetzen, und wenn man sich schämt, schlägt man lieber die Hände vors Gesicht als sich vor einen Spiegel zu setzen oder sich gar im Auge eines Westlers zu spiegeln.

*Am Templiner See*

Lernen geht auch leichter, wenn es sich in einem partnerschaftlichen Bezugsrahmen vollzieht bzw. man das Gefühl hat, daß der Andere auch lernen möchte. Ich habe in einer kleinen Tagungsrunde Westlern die Frage gestellt, was denn in ihnen durch unser Dazukommen ausgelöst worden sei. Es herrschte sehr langes Schweigen und dann fiel einem nur Verkehrsminister Krause ein, als ein Sinnbild für den Primitivismus aus dem Osten. Nur einem Schweizer, der auch anwesend war, purzelten die Einfälle zu diesem Thema nur so.

In einem gemeinsamen Forschungsprojekt mit Eva Jaeggi befragten wir Westkollegen über ihre Gefühle beim Fall der Mauer. Das reichte von : "Eine reife Gesellschaft wird von Primitiven überschwemmt" über die Wut wegen des Teilen-Müssens zu dem Bewußtsein über den Unwert des Intellektuellen, der ja auch wie im Osten abgewickelt werden könnte, also Angst.

Dem Blick des Anderen, den wir zu bieten haben, wird aber ausgewichen bzw. er wird in Schubladen geschoben ("in der Postmoderne noch nicht angekommen"usw.), um ihn dort vergessen zu können. Warum das so ist, wäre ein Gegenstand der Diskussion. Ich denke, daß es auch etwas mit Scham zu tun hat, Scham darüber, uns so lange vergessen zu haben und mittlerweile so reich geworden zu sein.

Es gibt Dinge, die ich von Westlern lernen kann. Zugleich sind diese Dinge aber auch mit unserem Neid besetzt, weil wir sie in unserem Eingeschlossensein nicht erwerben konnten: Weltoffenheit, Weltläufigkeit, Risikobereitschaft, die Fähigkeit, Geborgenheit für andere Werte aufgeben zu können, das Vertrauen in die eigenen Fähigkeiten, Flexibilität. Und - daß der Kapitalismus trotz des Leistungsdrucks und der Konkurrenz oder gerade deswegen auch Leichtigkeit und Freundlichkeit produziert, die ich besonders in Restaurants und Geschäften ausgesprochen genieße.

Was Westler von Ostlern lernen könnten: Den Umgang mit Zeit (sich Zeit nehmen, die Entdeckung der Langsamkeit), die hohe Wertigkeit von Freundschaften, die nichts mit beruflichen

Aktivitäten oder besonderen Projekten zu tun haben - sozusagen Freundschaften an sich sind; die wohltuende Zurückhaltung in der Selbstdarstellung (Wenn der Ostler von sich spricht, hat er meist den anderen im Blick. Die Marktwirtschaft bringt hingegen einen Westler hervor, der über sich wie über einen Markenartikel spricht, den er anpreisen und verkaufen will). Wir Ostler haben außerdem noch eine ganz wesentliche Erfahrung, besonders für resignierte westliche Linke, einzubringen: Es bleibt nichts wie es ist, Verhältnisse können sich von einen Tag auf den anderen ändern.

*Oktober 1993*

# Blindheit im Beruf

Vor einigen Wochen traf ich alte Freunde wieder, mit denen ich in den 70er Jahren in einem sich teilweise als konspirativ definierenden Zirkel zusammen war, der sich das Ziel gesetzt hatte, die Gesellschaft der DDR kritisch zu analysieren und zu verändern.

Wir trafen uns jetzt, um von einem der Freunde, der schon Einsicht in die Akte genommen hatte, in der unser operativer Vorgang erfaßt wurde, zu hören, was der Staatssicherheitsdienst von uns wußte und was genau gegen uns gelaufen war. Wir erfuhren nun von ihm, daß es bei allen von uns neben dem ständigen Abhören des Telefons und der Überwachung der Post illegale Wohnungsdurchsuchungen in unserer Abwesenheit sowie mehrere IM`s um uns herum gegeben hatte. Dem Freund war außer dem ständigen Abhören seiner Wohnung ein handgeschriebenes Manuskript aus seinem Schreibtisch vorübergehend gestohlen und abgelichtet worden, um es an der Hochschule der Staatssicherheit in Potsdam-Golm begutachten zu lassen. Um seine Schreibtischfächer im Betrieb in Ruhe durchsuchen zu können, wurde nur aus diesem Grund eine Feuerwehrübung im Betrieb veranstaltet. Anfang der 80er Jahre wurde er wochenlang verhört, mit dem Ziel, einen Prozeß gegen ihn zu eröffnen. Als die Verhöre beendet waren, scheint sein gesamtes Wohngebiet wegen einem angeblichen Bombenfund abgesperrt worden zu sein, nur damit er nicht gleich zu einem Mitglied unserer Gruppe Kontakt aufnehmen konnte.

Es war ein Abend der gemischten Gefühle: Wie wichtig hatten die uns genommen, welchen Aufwand hatten die um Leute getrieben, die sich selbst damals immerhin noch als marxistisch definierten und die in der DDR bleiben wollten. Keiner von uns damals glaubte, daß der Staatssicherheitsdienst uns mit dieser Schärfe im Visier hätte. Hätte mir jemand davon erzählt, ich hätte das als Spinnerei abgetan.

In der Nacht nach unserem jetzigen Treffen hatte ich einen Traum: Der gleiche Freundeskreis sitzt im gleichen Raum um den gleichen Tisch. Während wir uns unterhalten, betritt eine Gestalt das Zimmer, deren Gesicht schwarz vermummt ist. Sie beginnt mit äußerster Brutalität auf uns einzuschlagen. Eine und einer nacheinander fallen wir verletzt von den Stühlen, ohne uns gewehrt zu haben.

Ich erwachte mit rasendem Herzen und großer Angst. Einer Angst, an die ich mich beim besten Willen nicht aus DDR-Zeiten entsinnen kann. Eine solche Angst und auch solche Träume hatte ich damals nicht. Erst jetzt haben sie mich eingeholt, erst jetzt kann ich diese Angst fühlen.

Auf Grund dieser sehr persönlichen Erlebnisse habe ich begriffen, wie eine über Jahre vollzogene Verdrängung von Angst blind machen kann. Diese Blindheit erstreckte sich nicht nur auf die dauernde Verharmlosung der erlebten massiven Eingriffe in unser privates Leben, wo sie ja eindeutig dem Selbstschutz diente. Bei voller Wahrnehmung aller gegen mich und meine Familie gerichteten Maß-

*Luftschutzbunker Alexanderplatz*

nahmen wäre die gesunde Reaktion eine paranoide Entwicklung gewesen, ein ständiges Sich-Verfolgt und Beobachtet-Fühlen, das entweder völlig handlungsunfähig machen könnte oder aber die Konsequenz erfordert hätte, sich auch öffentlich politisch aktiver zu artikulieren und damit eventuelle Strafverfolgung auf sich zu ziehen oder aber zu versuchen, die DDR um jeden Preis zu verlassen. Ich zog es vor, die gegen uns und andere gerichteten Maßnahmen nur teilweise wahrzunehmen; so konnte ich weiterleben wie bisher. Selbst als ich und mein Mann in den Tagen der Ausrufung des Kriegsrechtes in Polen einen ganz demonstrativen persönlichen "Begleitschutz" hatten oder als wir nach einem Urlaub Briefkasten und Wohnungstür offen vorfanden, fühlte ich mich eher wie bei einem Räuber- und Gendarm-Spiel. Ich habe sie nicht ernst genommen und das war mein Trick. Angst hat niemand gern, weil sie einen klein und ohnmächtig macht. Angst ist aber eigentlich auch ein gutes und beachtenswertes Signal. Angst macht wach und aufmerksam. Sie zieht klare Fronten, trennt eindeutig Freunde von Feinden. Oder wie Herta Müller gestern sagte: Sie tickt anders als die Norm.

Eine von Angst oberflächlich befreite Atmosphäre deckt dagegen zu, führt zu Verharmlosungen und erleichtert bequemere Lebensarrangements.

Eine Kollegin sagte mir, daß sie zu dieser Zeit niemals in eine der psychotherapeutischen Selbsterfahrungsgruppen gegangen wäre, weil sie Angst gehabt hätte, daß die dort mitlaufenden Tonbänder anschließend von der Stasi abgehört worden wären oder einer in der Gruppe von der Firma sei. Ich bin in mehrere solche Selbsterfahrungs-Gruppen gegangen und habe daher fast nicht an die Stasi gedacht. Ich bin dort natürlich massiv bespitzelt worden, u.a. von einem Kollegen, der den in diesem Zusammenhang äußerst passenden Decknamen "Sigmund Freud" führte und sich noch über die Selbsterfahrung hinaus an sogenannten "Zersetzungsmaßnahmen" gegen mich beteiligte. Er ist dann aber noch vor 89 von sich aus aus dieser unheilvollen Bindung an die Staatssicherheit ausgestiegen.

Zu meiner Ehrenrettung muß ich anführen, daß ich mich jetzt auch an eine Situation erinnere, in der ich große Angst hatte: In dem Wahljahr, das der Verhaftung von Rudolf Bahro folgte, 1978, hatte ich beschlossen, gegen die Kandidaten der Nationalen Front zu stimmen und dies auch durch den verpönten Gang in die Wahlkabine zu dokumentieren. Um 11 Uhr vormittags ging ich zum Wahllokal, ein Pionierchor sang und eine Schlange von Menschen wartete darauf, ihre Zettel in die Urne zu stecken. Gerade als ich meine Schritte zu der Wahlkabine lenkte, die aus einer Schulbank und einem Bretterverhau oben drauf bestand - man war unten also sichtbar -, hörte der Chor auf zu singen. Es herrschte totale Stille im Raum und man hörte nur meine Striche durch die Namen aller Kandidaten weithin schallen. Als ich dann aus der Kabine kam, richteten sich alle Blicke auf mich und beim Versuch, meinen Zettel in die Urne zu bringen, zitterte mir die rechte Hand so stark vor Aufregung, daß ich erst nach mehrmaligen vergeblichen Versuchen den Schlitz in der Wahlurne traf. Ich war über die Stärke meiner körperlichen Reaktion überrascht. Ich bin vor Angst fast gestorben, sagte ich hinterher. Im übrigen bekam ich später keine Konsequenzen dieser Gegenstimmabgabe zu spüren. Den Ausdruck in den Gesichtern der Leute, die als Wahlkomission hinter den Tischen saßen, habe ich bis heute nicht vergessen: Sie waren persönlich beleidigt darüber, daß sich da eine so sichtbar das Recht einer Wahl genommen hatte.

Man mußte wahrscheinlich etwas offen Konfrontatives tun, um auch die Angst als offenkundige Größe zu erleben. Ich bin deswegen heute mißtrauisch Leuten gegenüber, die noch heute sagen, sie hätten zu DDR-Zeiten nie Angst gehabt. Entweder waren sie auf der machtgeschützten Seite oder sie schützen sich bis heute davor, sich dieser Angst zuzuwenden oder sie haben eben nie etwas getan, daß sie mit der Macht in Konfrontation hätte bringen können.

Das für mich besonders Nachdenkenswerte besteht nun darin, daß diese partielle Blindheit aus Selbstschutz natürlich auch in andere Bereiche des Lebens hineinwucherte, was im Beruf des Psychiaters und des Psychotherapeuten besonders nachteilig zu Buche schlägt. Mit dieser Blindheit im Beruf meine ich so etwas wie Unsensibilität an entscheidenden Stellen, ein Nicht-Fühlen und Nicht-Hinsehen, gerade dort, wo es dringend geboten wäre.

Paul Parin spricht im Zusammenhang mit dem Nationalsozialismus von der teilweisen Blindheit der Menschen, die einerseits die Machthaber vor durchdringenden Blicken schützte und andererseits die Menschen davor bewahrte, sich im Rückblick selbst als Mittäter zu erkennen.

Einige von uns sind mit dieser Blindheit bis auf den heutigen Tag geschlagen.

Ich möchte folgende These wagen: Unter den Deutschen gibt es so etwas wie eine Tradition oder sogar Kultur der Unterdrückung von Angst. Diese wird in der Erziehung untermauert und erzeugt dann eine Seelenblindheit, die von Generation zu

*Zwischen Potsdam und Caputh*

Generation -mindestens in diesem Jahrhundert- weitergereicht wurde und wird. Der gleiche Prozeß spielt sich in der beruflichen Tradition ab.

Ich möchte dies anhand meiner eigenen beruflichen Entwicklung aufzeigen. Als Psychologe, Psychotherapeut und Psychiater arbeitet man in ganz besonderer Weise an einer Schnittstelle in der Gesellschaft. Daraus ergibt sich für die therapeutischen Arbeit eine besondere Verantwortung und ein besonderer Anspruch an mich selbst: Neben meiner therapeutischen Qualifikation habe ich auch über die krankmachenden Bedingungen in der Gesellschaft nachzudenken, sowie über die Traditionen und die blinden Flecken meines Fachgebietes. Wie bin ich diesen Ansprüchen gerecht geworden?

Ich habe von 1970 bis 1975 unter beträchtlichen Anpassungsqualen an der Humboldt-Universität Psychologie studiert. Gleich im ersten Studienjahr wurden die männlichen Kommilitonen gezwungen, sich als Reserveoffizier der NVA zu verpflichten. In den ML-Seminaren oder den FDJ-Versammlungen habe ich in dieser Nach-68er-Restaurations-Zeit grundsätzlich so gut wie nichts gesagt. In den ML-Prüfungen habe ich die geforderten Platitüden heruntergeleiert. Ich wollte, nachdem ich 1968 wegen einer Wandzeitung beinahe von der Schule geschmissen wurde, nicht exmatrikuliert werden; ich wollte unbedingt das Studium abschließen, um dann in der Arbeit "das Eigentliche" zu tun, mit Patientinnen und Patienten an ihrer Selbstfindung zu arbeiten. Während dieser Durststrecke habe ich kaum nach links oder rechts geschaut, war mit Durchhalten und meiner gerade geborenen Tochter beschäftigt, so daß mir auch der so lehrreiche Blick zurück nicht in den Sinn kam. In keinem einzigen Studienfach wurden wir mit der Geschichte der Psychologie oder der Psychiatrie während der Zeit des Nationalsozialismus konfrontiert. Dozenten und Studenten schienen den Mythos des Beginns einer neuen Zeit mit dem Beginn der DDR geteilt zu haben. Selbstverständlich wußten wir alle über die Verbrechen an Menschen Bescheid, die gerade auch in der Psychiatrie begangen wurden, doch es wurde kein konkreter Bezug hergestellt zu den konkreten Orten, an denen wir uns aufhielten und zu den konkreten Personen, die uns vorausgegangen waren. Neben der scharfen politisch-moralischen Verurteilung gab es keine direkte Beschäftigung mit den Details von Verfolgung und Gewalt. Wenn etwas so unkonkret bleibt, bleibt es verschwommen. Es berührt nicht die sinnliche Wahrnehmung und es schärft nicht die Sinne für die Gegenwart.

In Ulfried Geuters auch erst 1984 in der Bundesrepublik erschienenem Buch "Die Professionalisierung der deutschen Psychologie im Nationalsozialismus" kann man nachlesen, welchen Schub an fragwürdiger Professionalisierung die deutsche Psychologie während der NS-Zeit erfuhr, wie das Fach Psychologie durch die Judenverfolgungen ein Drittel seiner Ordinarien verlor und wie später zum Beispiel die Mitarbeit in der Wehrmachtspsychologie zu einem qualifizierenden Kriterium für eine Berufung an einen Lehrstuhl für Psychologie wurde.

1975 begann ich im Fachkrankenhaus für Neurologie/Psychiatrie Berlin-Lichtenberg, genannt "Herzberge", als Psychologin zu arbeiten. Auch hier setzte sich meine Seelenblindheit fort, auch hier habe ich mich nicht tiefer auf die Geschichte dieses Hauses eingelassen, obwohl der Gestank dieses Jahrhunderts in den Gemäuern bis heute fest eingefressen ist. Stefan Wolf hat dieses Jahr versucht, die Geschichte des Krankenhauses Herzberge in den Jahren von 1933-45 aus noch spärlich vorhandenen Akten zu rekonstruieren. Ich will nur schlaglichtartig einiges daraus anführen:

1934 trat "das Gesetz zur Verhütung erbkranken Nachwuchses", zur Zwangssterilisation in Kraft. Allein 1934 wurden in Berlin 1354 Männer und 1181 Frauen zwangssterilisiert, über die Hälfte davon auf Antrag der Anstaltsleiter der Nervenkliniken, also der Ärzte, die an der Spitze der Ärztehierarchie eines psychiatrischen Krankenhauses standen. Über die Ausführung dieser Anträge entschied das Erbgesundheitsgericht und befürwortete sie fast ausnahmslos. Rudolph Thiele, wahrscheinlich ab ca. 1934 bis 1938 Ärztlicher Direktor von Herzberge, war Mitglied des Berliner Erbgesundheitsobergerichtes und somit direkt an diesen Befürwortungen beteiligt. Von 1938 bis 1949 hatte er dann den Lehrstuhl für Psychiatrie in Greifswald inne. 1949 erhielt er trotz seiner Mitgliedschaft in der NSDAP und fünf weiteren Naziorganisationen den ehemaligen Lehrstuhl Bonhoeffers an der Charité und scheint so an der Ausbildung der jungen Psychiatergeneration der DDR mitgewirkt zu haben.

Im August 1939 fand ein Vorbereitungstreffen der Euthanasie-Planer statt. Zu den Teilnehmern gehörten die leitenden Ärzte der Berliner Anstalten. Sie müssen den geplanten Tötungsaktionen zugestimmt haben, denn einen Widerspruch aus Kreisen der Teilnehmer gab es nicht. Der damalige ärztlicher Leiter von Herzberge und Nachfolger von Thiele muß den Sinn der ab Oktober 1939 verschickten Patientenmeldebögen als bürokratischen Vorlauf zum Euthanasie-Programm also genau gekannt haben. Aber auch anderen aufmerksamen Psychiatern wird der Zweck dieser Meldebögen nicht verborgen geblieben sein, zumindest beim folgenden Abtransport der Patienten, von denen sie nicht zurückkehrten. Der genaue Umfang der Sammeltransporte von Patienten aus Herzberge ist aus den bisher gesichteten Akten nicht zu entnehmen. Sicher ist, daß es mehrere gab und daß die meisten in die berüchtigte Vernichtungsanstalt Meseritz-Obrawalde führten.

Ich zähle diese quälenden Fakten so umfangreich auf, weil ich sie erst jetzt in ihren peinigenden Details zur Kenntnis genommen habe. Ich hätte aber nur einige alte, chronisch kranke Patienten auf der damaligen Station 6.3. besuchen oder genauer in ihre Krankenakte schauen müssen. In der Krankenakte von Frau S. hätte ich eine sehr lange Exploration der Patientin durch Professor Leonhard aus dem Jahre 1970 finden können. Diese 1906 geborene Patientin war 1934 wegen Schizophrenie zwangssterilisiert worden. Die Patientin litt nun seit dem Kriegsende unter dem "Wahn", daß bei der Unterleibsoperation 1934 eine Geldbörse in ihren Bauch versenkt worden wäre, dazu verschiedene Tiere und Unrat. Prof. Leonhard explorierte sie auf das Genaueste über ihre Symptomatik, um dann die Diagnose "Kombinierte hypochondrisch-konfabulatorische Paraphrenie" zu stellen. Das real erlittene Trauma der Patientin findet weder im Gespräch mit ihr, noch in der Diagnosestellung die geringste Beachtung oder Erwähnung, noch hatte es irgendwelche Auswirkungen auf ihre Therapie.

Ich hätte dies also längst wissen können. Das Schaudern, das mich beim Gehen durch die schönen Parkanlagen dieses Krankenhauses ergriffen hätte, wäre heilsam gewesen für meine Arbeit. Wenn wir die Geschichte und die Signale des Unbewußten auch nur einigermaßen ernst nehmen, werden wir verstehen, warum psychisch kranke Patienten bei Krankenhauseinweisung gegen ihren Willen voller Angst und Aggression um sich schlagen.

Blindheit im Beruf: Als Psychiater und Psychotherapeuten in Deutschland sind wir auch diejenigen, die nach den Tätern kommen, die ihre Patienten zur Zwangssterilisation und zur Tötung anmeldeten. Auch diesem Erbe haben wir uns zu stellen.

Wie ging es dann in der DDR weiter? Die Chronik von Stefan Wolf endet 1945. Wie sah es nach '45 in Herzberge aus? Wie wurde die psychiatrische Versorgung organisiert und welche Leute wirkten an ihr mit? Gab es Trauer, gab es Reflexion über das Vergangene, gab es das zudeckende Schweigen? Ich weiß es nicht.

Als ich 1975 in das Krankenhaus kam, kam ich in eine Klinik, die begann, sich sozialpsychiatrisch zu orientieren. Es arbeiteten hier unter schlechten äußeren Bedingungen und bei schlechter Bezahlung - besonders der Krankenschwestern und Pfleger - neben sehr engagierten Kolleginnen und Kollegen auch bequeme und zynische wie wohl überall auf der Welt. Es gab Kollegen mit dem Parteibuch der SED und solche mit christlichem Hintergrund. Es gab intensives Nachdenken über Therapiemethoden und Selbstreflexion und es gab auch die Abwesenheit von beidem - und dies unabhängig von der weltanschaulichen Orientierung. In der Arbeitsgruppe der Psychologen erfuhr ich viel kollegiale Solidarität und Freundschaft.

Den Patienten war nach der stationären Behandlung fast in jedem Fall der Arbeitsplatz sicher, die Wohnung sowieso. Aber es gab auch chronisch kranke Patienten, die das Krankenhaus überhaupt nicht mehr verlassen konnten - zu ihnen gehörte

Frau S., deren Schicksal ich oben beschrieben habe. Ob sie nicht eher an der chronischen Seelenblindheit ihrer Behandler krankte? Und es gab das Haus 9, in dem schwer behinderte Kinder und Jugendliche unter teilweise nicht tragbaren Umständen für sie und das Personal leben mußten.

Das psychiatrische Krankenhaus als Spiegel der Gesellschaft. Wir wußten alle, daß es in diesem Arbeiter- und Bauern-Staat gravierende gesellschaftliche Widersprüche gab und viele Menschen unter traumatisierenden Bedingungen lebten. Durch unsere Patientinnen und Patienten wurden wir jeden Tag damit konfrontiert. Ich wußte, daß es eine höchst ungerechte Verteilung des gesellschaftlichen Einkommens und ungerechte Privilegien gab. Ich wußte von menschenunwürdigen Bedingungen im Strafvollzug und bei der Armee. Wir wußten alle, daß viele Menschen aus verschiedenen Gründen unbedingt aus der DDR heraus wollten und nicht konnten. An diesen Punkten begannen sich die Geister zu scheiden. Es gab Kollegen, die sich in jedem Fall vor ihre Patienten stellten und versuchten, sie vor dem Zugriff der Staatsmacht - in welcher Form auch immer - zu schützen und es gab Kollegen, die aus ideologischen Gründen oder aus Gründen ihrer nicht reflektierten Angst oder weil sie selbst in der DDR ausharrten, meinten, daß man eben zur Armee müsse oder daß neurotische Patienten mit Ausreiseantrag keine Psychotherapie mehr erhalten sollten. Psychiater konnten in die Situation kommen, über die Zurechnungsfähigkeit von "Republikflüchtigen" zu entscheiden. Die Diagnose "zurechnungsfähig" hieß die Mitwirkung an einem Urteil über einen Menschen, das in die Haft führte. Unzurechnungsfähigkeit führte in die Gerichtspsychiatrie.

Es ist eine Illusion, daß wir in einem so ideologisierten und bis in jede Ebene auf Wohlverhalten seiner Bürger ausgerichteten Staat Psychotherapie hätte machen können, die nicht in irgendeiner Weise hätte Stellung beziehen müssen zu dieser Ideologie und der hinter ihr stehenden Macht. Man kann nicht jagen mit den Hunden und laufen mit den Hasen - heißt es in einem spanischen Sprichwort. Man kann nicht beides gleichzeitig tun. Weder die Kollegin machte "reife", d.h. machtunabhängige Psychotherapie, die einem psychisch Gesunden eine schwere Depression zuschrieb, damit er nicht zur Armee mußte - noch der Kollege, der genau dies nicht tat. Für mich macht es aber einen Unterschied, ob man sich auf die Seite der Hasen oder die Seite der Hunde geschlagen hat. Die Blindheit einiger bestand dann darin, nicht mehr so genau darüber nachzudenken, wo man eigentlich anfing, herrschende gesellschaftliche Normen unreflektiert psychologisch zu untermauern, krasser gesagt: sich in die Meute der Hunde einzureihen, teilweise in dem Wahn, doch nur ein Häschen zu sein, wie einige Ärzte in staatlichen Leitungsfunktionen oder die IMs* unter uns Therapeuten es getan haben.

Und zu der Hasenseite und zu mir selbst gesagt: Ich konnte mit den meisten Patientinnen

---

* Inoffizieller Mitarbeiter des Staatssicherheitsdienstes

und Patienten in meinem Therapiezimmer qualifizierte Therapie machen und fühlte mich relativ frei von staatlichen Eingriffen und Kontrollen. Aber das sehr redliche Arbeiten mit dem einzelnen Individuum stieß doch auf eng gezogene Grenzen. Irgendwann hätte man dann eben öffentlich die Verhältnisse in der Armee benennen müssen oder die in der Volksbildung, die uns so viele psychotherapiebedürftige Lehrerinnen und Lehrer beschied. Individuell, in den Elternversammlungen meiner Tochter habe ich dies getan oder im Gespräch mit dem Direktor einer Patientin. Aber vor den ganz offenen und öffentlichen Konfrontationen und Kämpfen hatte ich Angst. Was hat uns sonst davon abgehalten, in einer dieser stinklangweiligen und schweigenden Belegschafts- oder Gewerkschaftsversammlungen über diese Themen zu reden? Wenn wir die Angst genauer gespürt hätten und sie ernster genommen hätten, wären wir vielleicht mutiger gewesen. Ich glaube (frei nach Fassbinder), daß besonders die verdrängte Angst die Seele frißt.

Und wie hielten wir es mit der Staatssicherheit?

Herzberge war bis Ende der siebziger Jahre Ausbildungseinrichtung für Fachärzte Neurologie und Psychiatrie des MfS*.

Außerdem wurden untere Chargen dieses Staatsorgans ebenfalls bis Ende der 70er in Herzberge behandelt, wenn sie psychisch erkrankten. Diese Patienten litten übrigens fast ausnahmslos

---

* Ministerium für Staatssicherheit

an Verfolgungswahn.

Zwei Chefärzte, die ich in Herzberge erlebte, waren nachweislich IMs. Beide haben noch zu DDR-Zeiten Selbstmord begangen.

Wer von uns hat die Ausbildungskandidaten des MfS gefragt, was sie nach ihrer Ausbildung eigentlich für Aufgaben zu übernehmen hatten?

Bei der Behandlung der psychisch kranken Stasimitarbeiter wurde darauf hingewiesen, daß sie in der Behandlung auch weiterhin unter Geheimhaltungspflicht über ihre Dienstaufgaben stünden. Damit wurde eine solche Behandlung zur Farce.

Mir selbst wurde die Ehre zuteil, die weitere Behandlung von Mitarbeitern des MfS verboten zu bekommen, nachdem ich der Oberärztin Dr. Weser vom MfS sehr heftig in der Frage der Diagnose einer Patientin widersprochen hatte. Frau Dr. Weser hatte diese Patientin, die aus der Arbeit beim MfS ausgeschieden war, als "hysterische Psychopathin" abqualifiziert. Nachdem ich ihr sehr deutlich gesagt hatte, daß ich meine Diagnosen selbst stellte und es sich eindeutig um eine depressive Neurose handele, wurde ich nur 15 Minuten nach diesem Telefonat zu meinem Chefarzt bestellt. Dieser, wie wir jetzt wissen, IM der Staatssicherheit, entzog mir mit sofortiger Wirkung die weitere Behandlung der Patientin und aller anderen, die von dort kämen, gleich mit. In der darauf folgenden Auseinandersetzung versuchte er mich für die Partei der Arbeiterklasse zu werben, weil ich nur so unter Beweis stellen könnte, nicht "linksradikal" zu sein. Ich habe die Patientin dann mehrmals - unter von ihr gewünschten konspirativen Bedingungen - außerhalb der Klinik getroffen, um die Trennung für sie wenigstens einigermaßen verträglich zu gestalten. Auch keine "reine" Psychotherapie.

In Herzberge war es also absolut unmöglich, die Allgegenwart der Stasi zu verdrängen. Halb vorbewußt waren wir uns auch klar, daß sie an die Akten kämen, wenn sie unbedingt wollten. So schrieben fast alle Kollegen nie politische Sachverhalte in die Krankengeschichten; daß aber gerade die psychodynamischen Einzelheiten interessant für die waren, haben wir versucht, nicht wahrzunehmen. Blindheit im Beruf.

Wir leben jetzt in der Bundesrepublik Deutschland. Wie geht es eigentlich den hauptamtlichen Ärzten der Staatssicherheit oder auch hochkarätigen IMs in ihren neuen Praxen? Wie wird in Herzberge über die Vergangenheit reflektiert? Gab es eine öffentliche Reflexion über die Verstrickungen mit der Staatssicherheit? Ich habe das Krankenhaus neben anderen Gründen auch deswegen verlassen, weil mich der jetzige Ärztliche Leiter auf mein dienstliches Unterstellungsverhältnis hinwies, nachdem ich in einer Kirchenzeitung über die Stasiverwicklungen im Krankenhaus gesprochen hatte. Ich hätte es auch schwer ertragen, ehemalige Parteimitglieder beten zu sehen, nachdem die Trägerschaft für das Krankenhaus an die Diakonie ging.

Es gibt auch jetzt genug Gründe zur Angst und nicht nur die, die aus dem Erbe der DDR kommen.

Die Macht der Pharmakonzerne z.B. ist ebenfalls nicht von Pappe; beängstigend ist auch ein nach kommerziellen Interessen ausgerichtetes Gesundheitssystem, in dem seit neuestem die geplante Selbstbeteiligung bei der Bezahlung von Psychotherapie und die Budgetierung der Ausgaben für dieses Fach die rein biologisch-organische Betrachtungsweise in der Medizin enorm favorisieren - auf Kosten eines Ansatzes, der die Krankheit des Individuums mehrdimensional erfaßt und so auch die gesellschaftlichen Ursachen im Auge behält.
Ich wünsche mir und uns allen den Mut zur Angst, damit wir handlungsfähig bleiben und unsere Seele auch jetzt nicht gefressen wird.

*Dezember 1993*

*Literatur*


Geuter, Ulfried (1988): Die Professionalisierung der deutschen Psychologie im Nationalsozialismus. Frankfurt am Main (Suhrkamp)

Parin, Paul (1990): Der nationalen Schande zu begegnen. In : Noch ein Leben. Freiburg (Kore)

Wolf, Stefan(1993): Das Krankenhaus Herzberge in den Jahren 1933-1945. Unveröfftl. Manuskript

# Was Frauen verrückt macht

*Die Begegnung mit psychotischen Frauen*

Der Beruf der Psychotherapeutin ist für mich auch deswegen immer wieder so anregend und spannungsgeladen lustvoll, weil ich mich in ihm in einer besonderen Weise an einer Schnittstelle der Gesellschaft erlebe: Eine einmalige Person mit ihrer ganz persönlichen Biographie kommt in einer Leidenssituation zu mir. Sie befindet sich in einem ganz bestimmten sozialen und gesellschaftlichen Feld, das auf sie wirkt und das von dieser Person auf besondere Weise erlebt wird. Als Therapeutin kann ich versuchen, ihr persönliches Schicksal zu verstehen, ohne ihr Umfeld dabei zu vernachlässigen und erlebe hautnah, wie sich in einem Menschen Individuum und Gesellschaft verquicken.

Ich erfahre so in der unmittelbaren Begegnung mit PatientInnen, wie sie versuchen, in dieser bestimmten gesellschaftlichen Situation ihr Leben zu gestalten, Widersprüche und Ansprüche zu bewältigen oder auszuhalten; oder einfach zu überleben.

Es treffen im Sprechzimmer zwei Frauen aufeinander, die sich auf gleicher oder unterschiedlicher Stufe der gesellschaftlichen Hierarchie befinden, in ähnlicher oder ganz unterschiedlicher sozialer Lage sind, aber doch im gleichen Land leben, die gleiche Sprache sprechen und das gleiche Geschlecht haben. Es treffen zwei Frauen aufeinander, von denen die eine unter bestimmten persönlichen und gesellschaftlichen Bedingungen "verrückt" geworden ist und die andere augenscheinlich nicht.

Daß ich mich auf der "anderen Seite" befinde, der vermeintlich helfenden oder heilenden, habe ich genügend zu hinterfragen gelernt. Ich weiß, daß ich mich auf der Seite befinde, die Normen eher einhält als bricht bzw. bestimmte Normen des gesellschaftlichen Lebens auch in der Therapie vermittelt (vgl. Becker 1978); und ich weiß, daß es kein Zeichen wirklich größerer psychischer Gesundheit oder irgendeiner Art anderer Überlegenheit ist, die mich auf diese Seite verschlagen hat.

Benedetti (1983, S.230) schreibt: "Der Patient sei eigentlich unser Stellvertreter in einer Situation, der auch wir allenfalls anheimfallen könnten, weil sie jenseits des Krankheitskonzepts Teil der negativen Potenz der Existenz ist."

Mir ist auch bewußt, daß diese Frauen in ihrer Seele und mit ihrem Körper Dinge aushalten und austragen, die ich durch meine besser funktionierende Abwehr nicht aushalten muß und ich diejenige bin, die darüber einen Artikel schreibt. Ich hoffe, durch die Art dieses Beitrages klar zu machen, daß sie nicht die Objekte meiner Anschauung sind, sondern Subjekte, die mir die Brüchigkeit des Eises, über das wir alle schlittern, auf einmalige Art deutlich machen. (Trotzdem bin ich weit davon entfernt, psychische Krankheit zu idealisieren. Die Kräfte und Energien, die in der Krankheit aufgebraucht werden, könnten selbstverständlich kreativer und weniger selbstzerstörerisch eingesetzt werden.)

Die psychoanalytische Theorie zur Psychosenentstehung und -therapie von Benedetti, der ich mich persönlich am nächsten fühle, geht davon aus, daß in der Psychose die Person ihre Ich-Grenzen verliert: Die Fähigkeit geht verloren, das Selbst von der Welt zu unterscheiden. Die Patientin verliert das Gefühl, "Herrin" über sich selbst zu sein bzw. im eigenen Haus selbst bestimmen zu können. Sie fühlt sich in sich selbst verloren, sich selber fremd oder so, als ob eine fremde Macht ihr Ich überwältigen würde. Diese sogenannte "Ich-Schwäche" oder auch besondere Dünnhäutigkeit psychotischer Patienten kann sich in sehr verschiedenen Symptomen äußern. Mir besonders auffällig und nahegehend ist die Beobachtung, daß in diese Menschen die Welt in einer besonders starken Weise einschlägt. So kann ich in der Begegnung mit ihnen unendlich viel über die Welt erfahren, in der wir gemeinsam leben.

"Ist nun die schizophrene Projektion, die vor allem am eigenen Leib erfahren wird, nur ein Wahn, oder ist sie auch die Introjektion einer latenten Realität, die wir Gesunden über die sozialen Konventionen allein nicht erleben können, die der Schizophrene aber extrem radikal mit Hilfe des enthüllenden Mikroskops seiner Psychose wahrnimmt?" (Benedetti 1983, S.27)

Im folgenden werde ich versuchen, thesenartig zusammenzustellen, was ich in meiner Arbeit mit diesen PatientInnen und natürlich auch in meinem eigenen Leben als krankmachende Bedingungen für Frauen in der DDR und in der jetzigen Umbruchzeit erlebt habe und erlebe. Dabei werde ich von den einzelnen Schicksalen abstrahieren und nur punktuell auf sie eingehen.

### *Frauen in der DDR*

1. Die weitgehende ökonomische Gleichstellung der Frau in der DDR hat uns die Illusion vermittelt, daß wir tatsächlich den Männern gleichberechtigt gewesen wären oder zumindest die potentielle Möglichkeit dazu immer vorhanden gewesen wäre, wenn wir uns nur genügend angestrengt hätten.

Die ökonomischen Zwänge dieser DDR-Gesellschaft haben vielen von uns weitreichende Möglichkeiten der Arbeitstätigkeit und der ökonomischen Unabhängigkeit eröffnet. Sie haben viele Frauen aber auch dahin gebracht, wirklich wie ein Mann funktionieren zu wollen oder, wie es so schön hieß, "ihren Mann zu stehen."

2. Emanzipation lief bei uns offiziell bzw. vordergründig als Entwicklung der Frau zum Mann, als Funktionieren der Frau im männlichen Wert- und Leistungssystem. Es entstand das Leitbild einer

Art Superfrau: Sie ist im Beruf voll leistungsfähig; sie hat 1 bis 2 vorbildlich erzogene Kinder, einen blitzenden Haushalt und ist ihrem Mann liebevoll zugetan. Abends näht sie sich flink das neueste Modellkleid an der Nähmaschine selbst. Sie hat sich dem patriarchalischen Leistungsideal voll unterworfen und ist trotzdem noch "ganz Frau"; nämlich eine gute Mutter und möglichst attraktive Geliebte. Damit hatte sich die DDR-Frau, die das wirklich schaffte, auch zusätzlich noch dem männlichen Leitbild von einer "guten Frau" unterworfen und galt als - voll emanzipiert.

Klassischer kann man das krankmachende Modell einer Doppelbindung nicht formulieren: In einem für die Person lebenswichtigen Kontext wird eine Botschaft vermittelt, deren Inhalts- und Beziehungsaspekt sich auf eine für die Person zunächst undurchschaubare Weise widersprechen. Die offizielle gesellschaftliche Forderung an die Frauen lautete auf der Inhaltsebene: Emanzipiere dich als Frau, alle gesellschaftlichen Privilegien und Möglichkeiten werden dir eröffnet! Auf der Beziehungsebene, im realen Alltag hieß es hingegen: Arbeite mehr als der Mann innerhalb unseres vorgegebenen Leistungs- und Wertsystems. In der Beziehung mit dem männlichen Partner wurde auf der Inhaltsebene mitgeteilt: Ich möchte, daß du arbeitest, mitverdienst, daß du selbständig bist. Auf der Beziehungsebene wurde die schöne, anschmiegsame Geliebte und liebevolle Mutter der gemeinsamen Kinder gefordert. Diese Forderungen kann man auch kurz zusammenfassen als: Emanzipiere dich und entsprich dabei dem Frauenbild des Mannes in einer Gesellschaft, die vorwiegend von männlichen Normen bestimmt ist!

Mit diesen sich widersprechenden und unerfüllbaren, aber anscheinend tief verinnerlichten, oft sogar auch ideologisch untermauerten Ansprüchen zurechtzukommen, war und ist sehr aufreibend. Ich sehe hier eine Ursache für die hohe Anzahl neurotisch und psychotisch erkrankter Frauen, für die Zunahme psychosomatischer Erkrankungen auch bei Frauen - besonders auch in ursprünglichen Männerdomänen wie Herz-Kreislauferkrankungen -, der Zunahme von Alkohol- und Drogenkonsum. Dies konnte ich sowohl in meiner täglichen Arbeit als auch im Austausch mit meinen KollegInnen immer wieder konstatieren.

In der Sprache der Symptome können sich diese Konflikte mit dem eigenen Ungenügen, mit dem Gefangensein in unerfüllbaren Ansprüchen und den daraus resultierenden Ohnmachtsgefühlen eventuell so ausdrücken: Eine Frau kann in eine tiefe Depression über ihr Unvermögen fallen, drei Kinder, eine kranke Mutter und eine Leitungsposition miteinander zu vereinbaren. Sie kann sich in der Depression als völlig wertlose Frau erleben, die nicht mehr arbeitsfähig ist und sich weder den Kinder noch der Mutter widmen kann. Die Depression als stiller, aber sehr wirkungsvoller, nur leider auch diese Frau völlig lahmlegender Protest.

Eine andere Frau schläft in einer manischen Phase wahllos mit Männern: benutzt sie als Objekte und gibt so eigene Verletzungen weiter, erlebt sich aber wenigstens einmal als die durch ihre erotische Ausstrahlung Mächtige.

Eine dritte Frau meint in ihrem Wahn, eine zauberkräftige Hexe zu sein, die jedem schaden könne, der nur in ihre Nähe komme. Auch sie ist dadurch sehr mächtig und hat die Kraft, sich andere vom Leib zu halten und deren Ansprüche an sie einmal nicht zu erfüllen.

In den beiden letzten Beispielen geht es um die Ausübung von Macht, um die real erlebte Ohnmacht verleugnen zu können.

3. Sich im Konkurrenzkampf mit dem Mann als der bessere Mann zu erweisen, nämlich als einer, der zusätzlich zu seiner vollen Arbeitsleistung noch die weiblichen Funktionen des Gebärens und Stillens sowie des Verstehens, Helfens und Liebens erfüllt, führt zur Entfremdung der Frau von sich selbst, führt dazu, daß Frauen sich mit Männern identifizieren. Männlich identifizierte Frauen sind Frauen, die versuchen, den männlichen Leistungsnormen und Werten zu entsprechen, in den männlich dominierten Hierarchien Erfolg zu haben, und auch ihren Körper und ihre Seele bewußt oder unbewußt so zurechtzuschneidern, daß sie Männern entsprechen oder gefallen. Ihr Bewertungsmaßstab kommt nicht aus dem eigenen weiblichen Selbst, sondern wird von männlichen Leitbildern und männlichen Frauenbildern dominiert. Dies hat sicher etwas mit dem von Anna Freud beschriebenen Abwehrmechanismus der "Identifizierung mit dem Angreifer" zu tun: "Das Subjekt, das sich einer äußeren Gefahr gegenüber sieht..., identifiziert sich mit seinem Angreifer, indem es sich ent-

weder für die Aggression als solche verantwortlich macht, oder die Person des Angreifers physisch oder moralisch imitiert, oder sich bestimmte Machtsymbole aneignet, die ihn kennzeichnen" (Laplanche/Pontalis 1989, S.224).

Es gab und gibt einen bestimmten Frauentypus in der DDR, der von Frauen repräsentiert wird, die durchaus Karriere gemacht haben, Leitungspositionen fachlich kompetent ausfüllen konnten und dabei eigentlich nur an männlichen Normen orientiert waren. Sie waren bereit, in die Partei zu gehen, bereit, innerhalb der männlichen Hierarchie zu funktionieren und trotzdem ihren Augenaufschlag oder ihren Busen - sogenannte weibliche Mittel - einzusetzen, wenn es galt, auf diese Art etwas durchzusetzen. Es sind Frauen, die sich eher mit der Macht bzw. mit mächtigen Männern als mit Frauen identifiziert haben, die sowohl sich selbst als auch Männer instrumentalisieren, um in dieser vermeintlichen Macht ihre eigentliche weibliche Ohnmacht nicht spüren zu müssen. Oft hatten diese Frauen mächtige Männer als Geliebte, um sie enttäuscht zu verlassen, wenn sich herausstellte, daß sie die Schwächlinge waren, die diese nun mal sind.

Was mir aber am wesentlichsten bei diesen Frauen ist: Sie messen ihren eigenen Wert fast nur an dem Erfolg, den sie in der Gesellschaft erlangen und an dem Erfolg, den sie bei Männern haben. Andere Frauen kommen nur als Konkurrentinnen ins Blickfeld, notwendige Solidarisierungen werden von vornherein ausgeschlossen, obwohl sie gerade in ihrer Machtposition für andere Frauen wichtig, vorbildhaft für das Ausüben von Verantwortung in weiblicher Form sein könnten.

Diese Frauen sind zwar kein bißchen verrückt, mir aber gerade deswegen unheimlich und beängstigend, weil sie sich so glatt in die vorgegebenen Strukturen eingepaßt haben und einpassen und es dadurch anderen Frauen noch schwerer machen, Widerstand zu leisten. Sie waren gewissermaßen die "Paradepferde", die als Emanzipationsglanzstücke ausgestellt wurden, aber auf ihr eigentliches weibliches Selbst weitgehend verzichtet hatten. Arno Gruen (1989) spricht vom "Wahnsinn der Normalität".

(Es drängt sich auf, hier auf die autobiographischen Notizen der Vera Oelschlegel* (1991) zu verweisen, obwohl sie schon genug Schläge von allen Seiten bekommen hat, aber sie hat sich nun einmal erneut ins Rampenlicht gestellt. Für mich sind diese Notizen sehr erhellend beim Nachdenken über diesen Frauentyp, besonders bezeichnend besonders auch dadurch, wie sie auf die jetzt erlittene Kränkung durch die Absetzung als Intendantin und auf den damit einhergehenden Machtverlust anscheinend nur mit Anschluß an die neue Macht reagieren kann: Sofort wieder durch die Autobiographie auf dem Markt präsent sein müssen, nur nicht innehalten und etwa spüren müssen, was

---

* Oelschlegel,Vera, geb.1938, Schauspielerin, von 1976 bis 1990 Intendantin des "Theater im Palast" im "Palast der Republik"; war in dritter Ehe mit dem 1. Sekretär der Bezirksleitung der SED Konrad Naumann verheiratet und wohnte in dieser Zeit auch in Wandlitz, der Wohnsiedlung des Politbüros.

sie mit sich geschehen ließ und sich auch selbst angetan hat).

Es sind wirklich nicht nur Männer, die um z.B. nicht verrückt werden zu müssen, jetzt erstaunliche Wendungen vollziehen.

An einer Kränkung oder in einem Konflikt verrückt oder krank zu werden, bedeutet immer auch die Chance, sich über diese Krise verändern zu können. Was wir jetzt überall beobachten können, ist eine für mich beängstigende Flucht in eine neue vermeintliche Normalität und Sicherheit. So schnell wie möglich den neuen Anpassungsdreh finden, sich in die neuen Machtstrukturen einordnen, die alte Identität gegen eine neue eintauschen, damit nicht die Risiken der Selbsterkenntnis und die damit verbundene notwendige Veränderung eingegangen werden müssen. Dies tun die ehemalig leitenden Genossen jetzt massenhaft, aber da ich im - quantitativ gesehen - "weiblichen" Gesundheitswesen (ca. 90% der Angestellten im Gesundheitswesen der DDR waren weiblich) arbeite, erlebe ich dies genauso schmerzhaft an unseren ehemaligen Genossinnen, die weiterhin leiten und das Leiden daran den anderen überlassen.

4. Die Anpassung von Frauen an männliche Werte und Maßstäbe führte und führt - wie oben schon erwähnt - auch zur Entfremdung von anderen Frauen, weil jede Frau versucht, eine bessere männlich identifizierte Frau zu sein als die andere. Der Verführung, die davon ausgeht, eine andere Frau in einer Konkurrenzsituation - beruflich oder

privat - zu besiegen, ist bestimmt schon jede von uns erlegen. Wenn der Rausch verflogen ist, sehen wir uns vereinzelt, von einer anderen Frau besiegt, und beginnen an unserem Wert als Frau und an unserer Weiblichkeit zu zweifeln.

Diese mangelnde Solidarität zwischen Frauen machte das Durchschauen und Erkennen der Widersprüche und Zwänge in der DDR noch schwerer.

Ich denke, es gab natürlich eine Grundsolidarität der Frauen am Arbeitsplatz, so lange es nicht um die Besetzung von Leitungspositionen ging - und um die ging es relativ selten. Die Grundsolidarität ergab sich aus sehr ähnlichen Lebenslagen, aus sehr ähnlichen Positionen und Belastungen im Arbeitsprozeß, aus der Gleichmacherei der alten DDR. Es gab nicht so viele Möglichkeiten, sich voneinander zu unterscheiden. Aber bis auf wenige privilegierte intellektuelle Frauen gab es kaum ein weibliches Miteinandersein über den Beruf hinaus. In den Familien waren die Frauen meist Einzelkämpferinnen und von den DDR-Medien wurden sie allein gelassen. Es gab kein gemeinsam gewachsenes feministisches Bewußtsein, nur ganz wenige Frauengruppen. Es gab viel zu wenige Verständigungsmöglichkeiten sowohl privat als auch öffentlich darüber, wie erfülltes weibliches Leben außerhalb der vorgegebenen Strukturen sich abspielen könnte; wie erfülltes weibliches Leben aussehen könnte, das nicht zu Überforderung, Selbstentfremdung, Selbstzweifeln und Krankheit führt. Es gab sehr wenig modellhaftes Anderssein von Fauen, wenig Aussteigerinnen und wenn, blieben sie vereinzelt und unbekannt oder sind in den Westen gegangen. Es gab keine weibliche Gegenwelt, nur ganz vereinzelt weiblichen "Underground". Eine solche Vereinzelung kann auch krank machen. Bei vielen Frauen gab und gibt es das Gefühl, daß es nur an ihrem eigenen persönlichen Unvermögen liegt, wenn sie ihr Leben nicht "meistern".

5. Um von den oben beschriebenen männlichen Identifizierungen wegzukommen, könnten wir durchaus von den Erfahrungen der westlichen Frauenbewegung lernen (ohne vielleicht alle ihre Verrenkungen wiederholen zu müssen). Ich möchte aus dem Text einer italienischen Frauengruppe zitieren: "Der Mann ist nicht das Modell, an das sich die Frau in ihrem Selbstfindungsprozeß anzupassen hat. Sich befreien heißt für die Frau nicht, dasselbe Leben wie der Mann anzunehmen, sondern es heißt, den Sinn, den sie der Existenz gibt, zum Ausdruck zu bringen. Die Frau ist das Andere in Bezug auf den Mann." (Libreria delle donne di Milano 1988, S. 35)

Dieses Andere zu benennen und zu beschreiben, geschweige denn zu leben, war für Frauen in der DDR ideell sehr schwer, zu sehr waren sie als Arbeiterinnen und Mütter gefordert, zu sehr auch eingesponnen in die provinzielle Bravheit, Biederkeit und Kleinbürgerlichkeit des DDR-Miefs, zu sehr abgeschnitten von wirklich existentiell wichtigen Informationen, Bewegungen und Düften der übrigen Frauenwelt.

Warum wir z.B. alle so massenhaft und brav Kinder

in diesem Staat bekommen haben, sollte auch hinterfragt werden. Sie haben uns auch als Kompensation für nichtgelebtes Leben, für nicht mögliche Selbstverwirklichungen gedient. Ohne sie wäre es noch langweiliger, öder und leerer gewesen, aber sie haben uns manchmal auch gehindert, schon eher und eindringlicher unsere Not zu spüren und Widerstand zu leisten.

6. Ökonomisch war es möglich, sich in der DDR als Frau unabhängig und eigenständig zu machen und es ist wirklich tragisch, daß gerade diese Möglichkeiten durch die einsetzende Arbeitslosigkeit im Umbruch so abrupt und massenhaft verloren gehen. Denn sie gehen verloren, ohne daß die Frauen schon genügend Zeit und Möglichkeiten gehabt hätten, über ihre Rolle in der Gesellschaft und deren Problematik nachzudenken, sich überhaupt als Frau zu definieren. Viele Frauen fühlen sich am Herd sogar zunächst mal nur entlastet, erst langsam werden Unzufriedenheit und Unausgefülltheit sowie die ökonomische Abhängigkeit vom Mann als störend empfunden werden. Die Frauen werden durch die Arbeitslosigkeit weit stärker isoliert und auf sich selbst allein zurückgeworfen als sie es früher waren, gerade auch weil es eben die oben schon vermißten "Frauenstrukturen" außerhalb der Arbeitswelt noch viel zu wenig gibt. Es besteht die Gefahr, daß sie dies jetzt wieder nur als privates und selbstverschuldetes Unglück sehen können, ohne zu versuchen, im Austausch mit anderen Frauen das dahinterstehende System zu durchschauen.

7. Ich glaube nicht, daß die Gründe für weibliches Verrücktsein grundlegend zwischen Ost und West differieren, aber einige DDR-Spezifika meine ich doch herausgearbeitet zu haben: Mangelndes feministisches Bewußtsein, mangelnde Solidarität, die Doppelbindung an männliche Identifikationen, die durch den Ökonomismus der DDR und bei manchen Frauen auch durch ihre ideologische Fixierung an Partei und Staat noch verhängnisvoll potenziert wurden; dies alles hat in einigen Bereichen zu blinden Flecken auch der PsychotherapeutInnen geführt.

Besonders gegenüber dem Thema des sexuellen Mißbrauchs gab es eine unentschuldbare Ignoranz in den Medien, in Publikationen, aber auch in den Therapien selbst. Die erschreckende Häufigkeit sexuellen Mißbrauchs in der Lebensgeschichte psychotischer Frauen und Männer wurde äußerst unzureichend wahrgenommen und in der Therapie berücksichtigt. (Wie ich jetzt erfahren habe, wird dieses Thema auch erst seit 1986 in der BRD ausreichend bearbeitet.)

Weitere zu sehr vernachlässigte Themen waren:
- die rigiden und geschlechtsrollen-fixierten Erziehungsmethoden in der Krippe, im Kindergarten und in der Schule;
- Gewalt in der Familie;
- Psychoprophylaxe in der Schwangerschaft und im Kreißsaal;
- das völlige Fehlen von Psychotherapie im Strafvollzug, besonders bei Jugendlichen, bei Sexualstraftätern und bei Kindesmörderinnen;
- Homosexualität in der Öffentlichkeit .

8. Viele Psychotherapeutinnen haben ihre Rolle als Frau in der Therapie zu wenig hinterfragt, bzw. haben selbst so sehr im gesellschaftlichen Normsystem funktioniert, daß sie die darin krankwerdenden Frauen nicht mehr verstehen konnten und deren Gefühl des persönlichen Ungenügens noch psychologisch untermauerten. Psychologisches und psychotherapeutisches Wissen kann auch als Keule benutzt werden, die eine Frau der anderen auf den Kopf schlägt.

Gerade Psychotherapeutinnen müßten sich die Leitbilder und Wertvorstellungen, die hinter ihrer therapeutischen Arbeit stehen, immer wieder bewußt machen und sie nach ihrer Bedeutung für sie als Frauen hinterfragen. Ich halte z.B. solche fast fetischisierten Therapieziele wie emotionale Stabilität, Leistungsorientierung, Risikobereitschaft und Autonomie für ausgesprochen männlich orientierte Werte in einer leistungsbezogenen Gesellschaft (vgl. auch Franke 1990). Die intendierte dynamische Gruppenpsychotherapie nach Höck (1976), ganz auf dem Boden der DDR gewachsen, hat diese Werte und - fast im Widerspruch dazu - das Einfügen ins "Kollektiv" zu sehr in den Vordergrund gestellt. Ich denke, als Psychotherapeutinnen sollten wir solche Werte wie emotionale Labilisierbarkeit, Beziehungsorientierung, Bezogenheit auf Mitmenschen, Geduld und Beharrungsvermögen bei Männern und Frauen für ebenso wichtig erachten.

Nach diesem Blick zurück möchte ich zur Gegenwart, zur Zeit des Umbruchs zurückkehren.

Viele meiner Patientinnen kommen über einen langen Zeitraum, oft über Jahre zu mir, wobei es dann oft mehr darum geht, den stabilisierenden Kontakt zu halten als um Therapie.

Mir ist aufgefallen, daß sich im letzten halben Jahr die Rezidive, die Wiedererkrankungen, gehäuft haben. Nicht in den aufreibenden Umbruchzeiten Ende 1989, sondern jetzt werden Patientinnen erneut krank.

Als Illustration dazu möchte ich zunächst die Geschichten zweier Patientinnen erzählen:

Eine 30jährige Patientin, die als Kind vom "guten Onkel" sexuell mißbraucht wurde, litt neben Bluthochdruck und Eßsucht an einem Liebeswahn zu einem bekannten Schlagersänger. Dieser Wahn verstärkte sich immer dann, wenn eine reale Liebesbeziehung möglich wurde. Dann sagte ihr die Stimme des Schlagersängers, daß sie eigentlich zu ihm gehöre, von ihm ein Kind habe und nicht mit dem anderen Mann gehen dürfe.

In der Therapie konnten sowohl der sexuelle Mißbrauch als auch ihre nur allzu verständliche Ambivalenz gegenüber der Bindung an einen Mann erstmalig bewußt werden und zur Sprache kommen und auch so weit bearbeitet und aufgefangen werden, daß die Patientin über Jahre ohne Symptome lebte.

Jetzt hat sie über Annonce einen Westberliner kennengelernt. Sie mögen sich beide, die Heirat steht bevor.

Die Patientin, die bisher voll berufstätig als Krippenerzieherin gearbeitet hat, soll nach der Heirat ganz selbstverständlich zum Ehemann ziehen, dem es völlig fernliegt, in den Osten der Stadt zu kommen. Sie müßte daher ihre Wohnung und ihren Arbeitsplatz in Ostberlin aufgeben, ihre Kontakte hier würden sich verdünnen.

Außerdem bemerkt die Patientin gravierende Unterschiede in der Weltanschauung und im Wertesystem. Es stößt sie ab, wie ihr Freund z.B. über Türken urteilt. "Die drüben denken anders", sagt sie.

Im Konflikt zwischen dem großen Wunsch zur Bindung an diesen Mann und den berechtigten Zweifeln, ob sie sich so weit anpassen soll, treten erneut die Symptome auf: Die Stimme des Schlagersängers sagt ihr, daß sie den Verlobungsring zurückgeben soll.

Wir haben zusammen folgende Deutung erarbeitet: In der existentiell sehr verunsichernden Situation der bevorstehenden Trennung von ihrem gewohnten Leben, tritt der alte Ambivalenzkonflikt wieder auf. Soll ich mich in eine Bindung mit einem Mann begeben oder soll ich mich abgrenzen? In der Realität lebt die Patientin überhaupt keine Abgrenzung, widerspricht dem Mann z.B. fast nie, während die Abgrenzung im Wahn absolut und fast unwiderruflich vollzogen wird.

Eine andere Patientin, die eine 19jährige schwer geistig und körperlich behinderte Tochter hat, und mit deren Pflege über Jahre von ihrem Ehemann, ihrer Familie und auch den staatlichen Einrichtungen grausam allein gelassen wurde und dann an einem bestimmten Punkt emotional völlig überfordert war, erfährt, daß für diese Tochter unter der neuen Gesetzlichkeit eine Pflegschaft eingerichtet werden muß.

Die Gutachterin teil ihr mit, daß sie auf Grund ihrer psychischen Erkrankung als Vormund der Tochter nicht in Frage komme, obwohl sie diese jetzt seit 19 Jahren gepflegt und erzogen hat und dabei trotzdem nach der Scheidung von ihrem Mann immer berufstätig war. Diese Mitteilung ist für die Patientin natürlich eine Kränkung, verletzt sie in ihrer Ehre an einem zentralen Punkt ihres Lebens.

Sie soll nun eine Person aus ihrer Verwandtschaft benennen, die diese Pflegschaft übernehmen könnte. Die Patientin, die sich innerhalb ihrer Familie nicht zu Unrecht als ausgestoßen empfindet, überwindet sich trotzdem, alle ihre Geschwister danach zu fragen. Selbst ihre Lieblingsschwester lehnt ab.

Die existentielle Bestätigung einer schon immer schwebenden Ahnung kann sehr schmerzlich sein.

Die Patientin reagiert mit extremen Schlafstörungen und Ängsten.

Neben dem Zurechtkommen-Müssen mit neuen Regelungen, denen gegenüber die Patientin sich ohnehin ohnmächtig fühlt, muß sie außerdem erleben, daß sie, wenn es darauf ankommt (es ums

Geld geht), in ihrer Familie wirklich allein ist. In der alten DDR-Realität mußte sie dies nur verschleiert wahrnehmen.

In Anlehnung an diese Erfahrungen von PatientInnen möchte ich wieder thesenartig darstellen, wie sich der gesellschaftliche Umbruch auf die psychosoziale Situation von Frauen in den neuen Bundesländern auswirkt:

Die existentielle Verunsicherung ist ungemein groß. In der DDR hatte jede/er nicht völlig chronifizierte Patient/in die Möglichkeit zu arbeiten, selbst wenn sie/er invalidisiert waren. Es gab bei uns wirklich nicht die relativ große Masse sozial abgestiegener PsychotikerInnen wie in den alten Bundesländern.

Jetzt sind fast alle meine PatientInnen arbeitslos oder vom Verlust ihres Arbeitsplatzes unmittelbar bedroht. Für sowieso meist schon sozial isolierte Menschen ist dies auch eine bedrohliche Beschneidung ihrer wichtigen sozialen Kontakte.

Durch das Überstülpen des einen Rechts- , Gesetzes- und Staatssystems über das andere sind alte Regelungen und Gesetze ungültig, die neuen Regeln unbekannt und es sind nur relativ mühsam Kenntnisse darüber zu erwerben. Ein über 40 Jahre gewachsenes, recht ausgeklügeltes und differenziertes System muß begriffen und in seinen Spielregeln durchschaut werden, um sich darin mit einiger Sicherheit bewegen zu können. Die unterschiedlichsten Anträge und Fragebögen sind auszufüllen, das darin angewandte Deutsch ist kaum verständlich. Es ist, als ob wir in ein anderes Land umgezogen wären - und dies nicht jede freiwillig - und trotzdem in der alten Wohnung wohnen würden. Wirklich über Nacht wurden wir in eine andere gesellschaftliche Realität versetzt. Für Menschen, die an der Wurzel schon die Verunsicherung darüber in sich tragen, wer sie sind und wie sie sich von anderen abgrenzen können, stellt dies eine enorme Bedrohung ihrer ohnehin brüchigen Identität dar.

Fast alle meine Patientinnen gehen trotz der geöffneten Mauer so gut wie nie nach Westberlin. Zu fremd, zu unbekannt und zu ängstigend ist dies für sie.

Auf eine allgemeine und ebenfalls bedrohliche Weise erleben viele Patientinnen wie Allmacht, Belehrung und Manipulation im großen gesellschaftlichen Maßstab ausgeübt werden und zwar gerade jetzt, wo wir uns endlich davon freigekämpft glaubten. Es ist so, als ob die alten relativ armen, streng-repressiven, aber auch überfürsorglichen DDR-Eltern durch reiche, locker wirkende, selbstgenügsame und wenig unterstützende BRD-Pflegeeltern abgelöst worden wären. Dies führt zu erneuter Aktivierung kindlicher Ohnmachtsgefühle.

Die Gewalt auf der Straße und innerhalb der Familien hat sehr zugenommen, so daß Ängste, sich als Frau allein durch die Stadt oder gar durch die Nacht zu bewegen, ebenfalls zunehmen.

Die Frauen erleben Verluste an persönlicher Freiheit: Ihre ökonomische Unabhängigkeit und Sicherheit und ihr realer Bewegungsspielraum haben abgenommen, die Repression innerhalb der Familie nimmt zu.

Wenn früher die DDR-Frauen für ihre kompromißlose Scheidungsbereitschaft bekannt waren, so sehen sie sich jetzt oft von den Männern sitzengelassen bzw. von deren Verdienst abhängig.

*Brandenburger Tor*

Die Zahl der 100 000 Männer, die ihre Familien beim Aufbruch in die Leistungsgesellschaft verlassen haben, ist bekannt. Aber auch sonst Trennungen allerorts, jetzt mehr von den Männern initiiert. Die schon vorher instabilen Ehesysteme brechen in der Krisensituation auseinander, oder es erfolgt im Gegensatz dazu der festere Zusammenschluß gegen die verwirrende Außenwelt. Die Familien hocken infolge der Arbeitslosigkeit mehr aufeinander, Konflikte brechen auf, werden aber in der jetzigen Situation nicht angesprochen, sondern eher in Gewaltausbrüchen oder indirekt im Krankwerden ausgetragen.

Angelehnt an die schon vorher geschilderte Problematik der Frauenbilder in der DDR sehen sich die Frauen jetzt mit neuen, sehr widersprüchlichen Frauenbildern konfrontiert:

- Es gibt ein Frauenbild in den Medien, das sich fast ausschließlich auf sexuelle Merkmale bezieht, auf einen für den Mann zugerichteten Körper. Z.B. gab es im "stern" einen Artikel über den "sexuellen Aufbruch" in den neuen Bundesländern, in dem unter anderem berichtet wurde, daß Frau Ilona B. aus Dresden abends in ihrer Küche ihrem gestreßten Mann eine Strip-Vorstellung bietet.

Diese Arten von sexuellem Leistungsdruck, aber auch Druck zum "schönen Körper" sind in dieser Stärke neu und bedrückend für Frauen hier. Überall gibt es riesige Werbeflächen mit mehr oder weniger nackten Frauen. Es gibt Erotik-Shops und Porno-Videos, auch über Nacht erfolgte gewissermaßen eine Sexualisierung der Öffentlichkeit - und dies nach männlichem Geschmack. Und leider versucht die oben beschriebene männlich identifizierte DDR-Frau, auch daran Gefallen zu finden und in einem gewissen Maße gelingt ihr das auch. Aber viele Frauen reagieren sehr sensibel und ablehnend auf diese Vermarktung des weiblichen Körpers.

- Daneben gibt es Frauenbilder, die ganz dem altbürgerlichen Ideal der Ehefrau und Mutter zu Hause entsprechen und für die anscheinend die Nähanleitungen und Rezeptseiten für Ostermenüs bestimmt sind.
- Und es gibt die intellektuelle, wirklich emanzipierte Frau, die sich ohne festen Mann und ohne Kinder tapfer einsam durchschlägt.

Und dann natürlich die Feministin, die seltsam fremdartig auf DDR-Frauen wirkt.

An den beiden letzteren "Frauentypen" erlebt die DDR-Frau eine Härte und ein schneidendes Selbstbewußtsein, deren Entstehung sie nicht nachvollziehen kann.

Nur sehr wenige Ost-Frauen haben längere und tiefgehende reale Erfahrungen mit West-Frauen. Meist sind eben nur diese schabloneartigen Medienbilder da, die ich eben geschildert habe. Und da erlebt sich die DDR-Frau dann oft als graue Maus, die sowohl von den Konsummöglichkeiten als auch von den kulturellen und intellektuellen Möglichkeiten abgeschnitten war.

Und die West-Frau sagt: Um Himmels Willen, nicht wieder die 50-er Jahre! Sie sieht in uns teilweise die Relikte, die sie mühsam in sich und mit den anderen Frauen überwunden hat.

DDR-Frauen finden also in den westlichen Schwestern nur schwer welche, mit denen sie sich wirklich positiv und neu identifizieren könnten. Eher fühlen sie sich auch hier verunsichert, um ihre eigene Identität zwischen den Welten ringend.

Zum Abschluß möchte ich den Versuch machen, ein in mir entstandenes typisiertes Bild einer Westfrau einfach einmal zu benennen: Eine mir vergleichbare West-Frau in meinem Alter und in meinem Beruf (39 Jahre, Psychologin) lebt in den meisten Fällen allein und hat keine Kinder.

Sie hat eine differenzierte Ausbildung und inzwischen einen Platz in der Gesellschaft gefunden, der sich mit ihrem sozialen Gewissen vereinbaren läßt.

Dafür hat sie bezahlt, oft hart finanziell und emotional bezahlt.

Sie hat einiges von der Welt gesehen, eine gewisse beiläufige Weltläufigkeit.

Sie hat nur wenige Illusionen, vor allem nicht die, die Welt verändern zu können.

Sie ist selbstsicher, kompetent und tapfer.

Sie hat schon ganz andere Gerüche, Geschmäkker und Kleider gehabt als ich. Sie war vielleicht in einer Frauengruppe und hat sowohl die Euphorie des Zusammenseins als auch die Enttäuschung des Zerfalls dieser Gruppe erlebt.

In ihrem Gesicht sehe ich, daß sie wirklich einiges hinter sich hat, auch mit Männern.

Sie wirkt zwar locker, ist aber nicht fröhlich und glücklich schon gar nicht.

Was haben sie und ich uns zu sagen?

Für sie komme ich dazu in eine Welt, in der sie es schon schwer genug hat und ich weiß nicht Bescheid, bewege mich etwas unsicher und täppisch, teilweise naiv. Ich mache Fehler, die sie sich vor 10 Jahren mühsam abtrainiert hat.

Ich bin aber neugierig auf sie und möchte sie und ihren Weg verstehen.

Aber will sie das auch? Warum sollte sie sich mit mir auseinandersetzen?

Ich denke, die Erfahrungen meines Lebens und sehr intensiven Nachdenkens in der DDR könnten auch sie interessieren. Und ich bin fest davon überzeugt: Nur wenn wir beginnen, unsere Erfahrungen gegenseitig ernst zu nehmen, die andere wirklich kennenlernen wollen, haben wir als Patientin und Therapeutin, als Frauen aus Ost und West im geeinten Deutschland miteinander eine Chance.

*Mai 1991*

*Literatur*

Becker, A.S. zit. n. Trojan, Alf (1978): Psychisch krank durch Etikettierung? München Wien Baltimore

Benedetti, G.u.a.(1983): Psychosentherapie. Stuttgart

Benedetti, G.(1983): Todeslandschaften der Seele. Göttingen

Franke, A.(1990): Therapeutische Risiken für Frauen, in Giese.E. und Kleber,D.(Hrsg.): Das Risiko Therapie. Weinheim,Basel

Gruene, A.(1989): Der Wahnsinn der Normalität. München

Höck, K.(1976): Gruppenpsychotherapie. Berlin

Laplanche/ Pontalis (1989): Das Vokabular der

Psychoanalyse. Frankfurt/Main
Libreria delle donne di Milano (1988): Wie weibliche Freiheit entsteht. Berlin
Oelschlegel, Vera(1991): Ein Selbstporträt - wenn das meine Mutter wüßte, Vorabdruck in der "Berliner Zeitung", Februar bis April 1991

*In Potsdam*

# Zu den Beiträgen

(1) Erweiterte Fassung eines Vortrages, gehalten auf der Jahrestagung der Deutschen Gesellschaft für soziale Psychiatrie (DGSP) im November 1991 in Bielefeld-Bethel.
Gekürzt veröffentlicht in der Zeitschrift "Soziale Psychiatrie" Nr.55, 1991.
Erweitert um Passagen aus "Zu dick, zu dünn, zu konvex, zu konkav", dem Nachwort zu Moser,T.(1992): Besuche bei Brüdern und Schwestern. Frankfurt am Main (Suhrkamp).

(2) Veränderte Fassung eines Vortrages, gehalten auf der Tagung "Zur Psychoanalyse deutscher Wenden" im Februar 1992 in Berlin.
Veröffentlicht in Rauschenbach,B.(Hrsg.), (1992): Erinnern, Wiederholen, Durcharbeiten. Berlin (Aufbau).

(3) Erstveröffentlichung 1993 in: Kursbuch Nr.111, Berlin (Rowohlt Berlin).

(4) Veränderte Fassung eines Vortrages, gehalten im November 1993 auf Einladung des Instituts für kulturwissenschaftliche Deutschlandstudien in Bremen.

Erstveröffentlichung in Wolf,G.(Hrsg.): Ein Text für C.W. Berlin.

(5) Vortrag, gehalten auf der Tagung "Kampf um die Seele - Die Operative Psychologie des MfS" Dezember 1993 in Berlin.
Erstveröffentlichung in der Zeitschrift "Dr. med. Mabuse" Nr. 88, 1994.

(6) Leicht veränderte Fassung eines Vortrages, der auf der "12. Volksuni" im Mai 1991 in Berlin gehalten wurde.
Bereits veröffentlicht in: Joester, A./Schöningh, I. (Hrsg.), (1992): So nah beieinander und doch so fern. Pfaffenweiler.

## Zu den Photos

Die Photos auf den Seiten 58, 63 und 73 stammen von Heike Oeltze von Lobenthal.

Das Photo auf dem Umschlag vorn und die Photos auf den Seiten 24, 55 und 67 stammen von Robert Paris, Berlin.

Das Photo auf dem Umschlag hinten und die Photos auf den Seiten 16, 24, 37, 49, 103 und 108 stammen von Dr. Hans-Jürgen Wirth.

Das Photo auf Seite 65 stammt von Till Wirth.

# edition psychosozial

**Stephan Becker (Hg.):**

**Helfen statt Heilen**

Beiträge zur 1. Fachtagung des Vereins für Psychoanalytische Sozialarbeit Berlin und Brandenburg e.V.

Ernst Federn zum 80. Geburtstag

Originalausgabe 1995
ca. 240 Seiten, ca. 34.-DM
ISBN 3-930096-35-8

Im Zentrum dieses Buches steht die psychoanalytische Sozialarbeit mit schwer ich-strukturell gestörten Kindern, Jugendlichen, jungen Erwachsenen und ihren Familien. Psychoanalytische Sozialarbeit stellt den Versuch dar, die Behandlung der scheinbar Nichtbehandelbaren zu ermöglichen durch das Angebot eines sozialen Ortes und das Angebot, Beziehungen einzugehen, die die Selbstheilungskräfte des leidenden Menschen wirksam werden lassen.

AUS DEM INHALT: *Stephan Becker:* Laudatio auf Ernst Federn • *Ernst Federn:* Helfen und nicht Heilen - Historisches und Prinzipielles • *Marianne Ledown:* Zwischen Delinquenz und Psychose • *David Becker:* Extremtraumatisierte Jugendliche - Brüchige Identitäten als Überlebensform im nachdiktatorialen gesellschaftlichen Kontext • *Thomas Federn:* Zur Kritik psychoanalytischer Sozialarbeit in den USA • *Birgit Baethe u.a.:* Die musikalische Entdeckung des Selbst.

**edition psychosozial • Dr. H.-J. Wirth**
Friedrichstr. 35 • 35392 Gießen,
Tel: 0641/77819 • Fax: 0641/77742

# edition psychosozial

**Horst-Eberhard Richter**
**Die Gruppe**

Hoffnung auf einen neuen Weg, sich selbst und andere zu befreien

Psychoanalyse in Kooperation mit Gruppeninitiativen

Mit einem Nachwort des Autors sieben Jahre später und einem Vorwort von Hans-Jürgen Wirth 23 Jahre später

Unveränderte Neuauflage 1995
380 Seiten, 36.-DM
ISBN 3-930096-37-4

Richters Ausführungen über die emanzipatorischen Chancen wie über den möglichen Mißbrauch gruppenpsychologischer Prozesse sind also nach wie vor hochaktuell. Die Neuausgabe von Richters "Klassiker" in der "edition psychosozial" macht ein Buch wieder zugänglich, das Generationen von Sozialarbeitern, Lehrern, Psychologen, Sozialpsychiatern und sozial engagierten Bürgern begleitet hat und wohl auch in Zukunft eine wichtige Basislektüre sein wird.

**Prof. Dr. Dr. Horst-Eberhard Richter**, geschäftsführender Leiter des Sigmund-Freud-Instituts Frankfurt.

**edition psychosozial • Dr. H.-J. Wirth**
Friedrichstr. 35 • 35392 Gießen,
Tel: 0641/77819 • Fax: 0641/77742

**Zeitschrift ■ psychosozial**

## Hans-Jürgen Wirth (Hg.):

## Ossis und Wessis:

**Psychogramm deutscher Befindlichkeiten**

Originalausgabe März 1995
144Seiten, 32.-DM
ISBN 3-930096-39-0

**Aus dem Inhalt:**

Elmar Brähler & Horst-Eberhard Richter:
Deutsche Befindlichkeiten im Ost-West-Vergleich

Horst-Eberhard Richter: Zur Sache: Deutschland

Tilmann Moser: Politik, Familie und seelischer Untergrund

Martin Teising: Die deutsche Vereinigung und die deutsche Vergangenheit - kommentiert von den Träumen eines Analysanden-

Hans-Jürgen Wirth: Szenen einer Ehe. Beziehungsdynamische Anmerkungen zu einem Fall von Wiedervereinigung

Heinz Hennig: Der Mensch im Spannungsfeld zwischen Mangel und Konsum

Elmar Brähler & Michael Geyer: Bibliographie „Folgen der Wende und Ost-West-Vergleich im Bereich der psychosozialen Medizin“

**Psychosozial-Verlag Dr. H.-J. Wirth**
Friedrichstr. 35 • 35392 Gießen,
Tel: 0641/77819 • Fax: 0641/77742

**edition psychosozial**

## Elmar Brähler (Hg): Körpererleben

Ein subjektiver Ausdruck
von Körper und Seele

Beiträge zur psychosomatischen Medizin

Unveränderte Neuauflage 1995
268 Seiten, 38.-DM
ISBN 3-930096-31-5

Wir erleben seit einiger Zeit eine Renaissance des Körpers. Nachdem der Körper zunächst lediglich in einigen Therapie- und Selbsterfahrungszirkeln große Bedeutung erlangt hatte, ist heute „die Wiederkehr des Körpers" nicht nur in derKunst, in der Literatur, im Film und im Theater festzustellen, auch in den Wissenschaften vollzieht sich eine „emotionale Wende".

Aus dem Inhalt:

*Elmar Brähler:* Körpererleben - ein vernachlässigter Aspekt der Medizin
*Hans Müller-Braunschweig:* Psychoanalyse und Körper
*Peter Joraschky:* Das Körperschema und das Körper-Selbst
*Paul Bernhard:* Schmerzempfindung und Schmerzerleben
*Marianne Jarka:* Zur Bedeutung des Körpererlebens für den weiblichen Kindeswunsch, Schwangerschaft und Geburt

**edition psychosozial • Dr. H.-J. Wirth**
Friedrichstr. 35 • 35392 Gießen,
Tel: 0641/77819 • Fax: 0641/77742